遗失在西方的中国史

1908，甘博兄弟发现的彩色中国

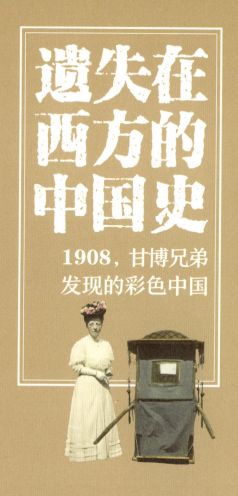

[美]米莉娅姆·里德、沈弘 ◎ 编著

沈弘 ◎ 译

南方出版传媒
广东人民出版社
·广州·

图书在版编目（CIP）数据

遗失在西方的中国史：1908，甘博兄弟发现的彩色
中国 /（美）米莉娅姆·里德，沈弘编著；沈弘译. --
广州：广东人民出版社，2021.10
　　ISBN 978-7-218-14928-8

Ⅰ．①遗… Ⅱ．①米… ②沈… Ⅲ．①中国历史—近
代史—图集 Ⅳ．① K250.6-64

中国版本图书馆 CIP 数据核字（2021）第 086646 号

YISHI ZAI XIFANG DE ZHONGGUOSHI:1980,GANBO XIONGDI FAXIAN DE CAISE ZHONGGUO
遗失在西方的中国史：1908，甘博兄弟发现的彩色中国
（美）米莉娅姆·里德，沈弘 编著；沈弘 译

出 版 人：肖风华

责任编辑：刘　宇
责任技编：吴彦斌　　周星奎
装帧设计：犀星 STUDIO
　　　　　231742409@qq.com

出版发行：广东人民出版社
地　　址：广州市海珠区新港西路 204 号 2 号楼（邮政编码：510300）
电　　话：（020）85716809（总编室）
传　　真：（020）85716872
网　　址：http://www.gdpph.com
印　　刷：北京博海升彩色印刷有限公司
开　　本：787mm×1092mm　1/16
印　　张：13　字　数：208 千
版　　次：2021 年 10 月第 1 版
印　　次：2021 年 10 月第 1 次印刷
定　　价：78.00 元

如发现印装质量问题，影响阅读，请与出版社（020-85716849）联系调换。
售书热线：（020）85716826

纪念西德尼·甘博
人道主义的价值观
慷慨大度的心灵
做出的永恒贡献

克莱伦斯·甘博于1908年5月坐在"阳光号"住家船上记日记

Clarence James Gambo

摄 影 师
与
日记作者

西德尼·甘博于1908年5月在"阳光号"住家船上手持折叠式柯达相机

Sidney D. Gamble

致读者：

"Hangchow" 与 *"Hangzhou"*

    对于中国历史不太熟悉的读者也许会注意到书中"Hangchow/Hang Chow"和"Hangzhou"这两种不同的拼写方式。19 世纪中叶，英国驻中国公使、剑桥大学首届汉文教授威妥玛（Thomas Francis Wade）认识到，西方人在学习汉语时需要有一种能为大家所普遍接受的、用罗马字母为汉语拼音的方法。威妥玛于 1867 年出版了以北京方言为基础的官话教科书《语言自迩集》。威氏拼音法后来又得到了翟理思（Herbert Allen Giles）的进一步改善，翟理思继威妥玛之后成了剑桥大学的第二任汉文教授。翟理思的《汉英词典》出版于 1912 年，从此威妥玛 – 翟理思汉语拼音法成了东西方最常用的一种汉语拼音法。

    在 20 世纪 50 年代开展的大规模扫盲运动中，中华人民共和国政府成立了中国文字改革委员会。中国的语言学家们在以周有光为首的中国文字改革委员会的领导下，发展出了拼音字母和汉语简体字系统。从此，中国大陆的拼音法便逐步取代了威妥玛 – 翟理思的汉语拼音法，并且成为中国汉字的标准拼音法。

    然而，用威妥玛 – 翟理思汉语拼音法创造的一些专有名词，如"Princeton-in-Peking"（普林斯顿大学驻北京同窗会）和"Hangchow Christian College"（之江大学）等，仍然保留着旧的拼音法，只有少数专有名词例外。所以，虽然北京的拼音法已经由"Peking"变成了"Beijing"，但是"普林斯顿大学驻北京同窗会"在英语中仍然被写作"Princeton-in-Peking"。而成立于 1909 年的之江大学，其英文名称仍然被写作"Hangchow Christian College"。如今繁华的杭州城，其英语的拼写方法则已经按照标准拼音法改为了"Hangzhou"。

见此图标
微信扫码
了解中国
走进历史

扫码领取
海量资讯

缘起：1999 年的北京

看到一位外国人如此深爱着中国，并为我们展示了 20 世纪中国如此
生动的画面，我深受感动。我们绝不能忘记中国人在往昔所体验过的屈辱、
贫穷和落后。[1]

——何斌

1999 年 9 月 16 日，一位名叫何斌的退休教师在北京的中国历史博物馆观看了西德尼·甘博（Sidney D. Gamble）的摄影展，并且在观众留言簿上写下了以上感言。这是西德尼·甘博所拍摄的老照片首次在中国展出。事实上，距离 1968 年甘博去世已经 31 年的这场甘博摄影展差一点就要流产了。

为了准备这次摄影展，一个由中国最著名历史学家、社会学家和考古学家组成的专家小组在 1999 年的春天和夏天，对西德尼·甘博档案中的 5000 多张照片进行了审查。甘博所拍摄的这些照片反映了中国在 1908 年至 1932 年间的风土人情，尤其展示了工人、农民、贵族和手工艺者等中国家庭中个人和群体的

---

[1] 何斌的话引自中国历史博物馆的观众留言簿。关于西德尼·甘博摄影展 1999 年首次在北京展出的故事可见于西德尼·甘博的孙女康士坦斯·柯伦·麦克菲私人收藏的一本手稿，题为《西德尼·甘博的中国照片和后来的摄影展，凯瑟琳·柯伦在宇宙俱乐部的演讲》，该手稿没有注明日期。而那本记录了许多中国观众评论的留言簿后来不幸遗失了。

日常生活。经过深入的研究和讨论，专家们从中精选出的 210 张照片在纽约被从原始底片仔细地洗印出来后送到了北京进行展览。但布展小组认为其中很多照片必须进行放大，以便能让观众看清画面的细节。北京当地的报纸对于这些来自美国的甘博老照片进行了报道，引发了读者的浓厚兴趣，大家都期待观看这场反映中国 20 世纪初历史的老照片展。

就在原定 9 月 16 日摄影展开幕日的 48 小时之前，有关部门下达了批准摄影展开幕的通知。中国历史博物馆的职工只剩下不到 48 小时的时间来为这 210 张照片布展。职工们为此不分昼夜地连续工作，直到 9 月 16 日上午 10 点，博物馆大门为等候在门外的观众们开放的那一刻，所有的照片才全都被挂到了博物馆的墙上。西德尼·甘博的中国老照片终于能回归中国，与中国人民见面了。

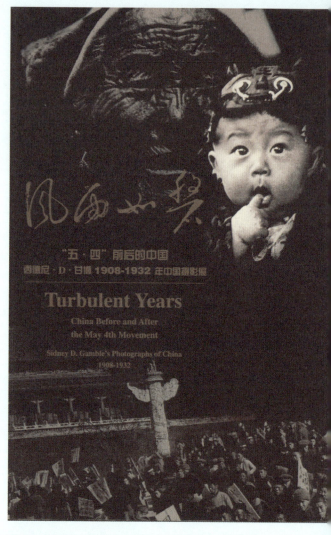

摄影展目录的封面：《风雨如磐："五·四"前后的中国。西德尼·D. 甘博 1908-1932 年中国摄影展》

1. 一个出类拔萃的家族

西德尼·甘博作为一个害羞、勤勉，在家里排行第二的儿子，他早期的兴趣爱好是拉小提琴，后来他又为何会献身于学术研究和拍摄距离他位于美国中西部的家乡辛辛那提市 7000 英里①的中国呢？西德尼对于摄影的喜爱源于一个布朗尼牌相机，他 11 岁时的参赛奖品。但他对中国的服务却是因为他出生于一个出类拔萃的家族。

西德尼的父亲，戴维·贝里·甘博（David Berry Gamble），是与威廉·普克特（William Procter）一起创办了宝洁公司（Procter & Gamble）的詹姆斯·甘博（James Gamble）的第七个孩子和第五个儿子。如今的宝洁公司已经成了全球最大的日常消费品供应商之一。可是当宝洁公司于 1837 年刚成立时，它只不过是俄亥俄州辛辛那提市一个普普通通的肥皂和蜡烛生产商。联合创始人詹姆斯·甘博的父亲是爱尔兰卫理公会的一位牧师。对于基督教伦理学的积极践行可以说是深植于甘博家族文化的土壤之中。詹姆斯·甘博与其合伙人威廉·普克特将他们的企业建立在高度诚信的基础上。[1]由于有这种理念的支撑，宝洁公司才得以高速发展。而戴维·甘博正是遵循了他那位办事认真的父亲为他规定的这条利他主义和与人为善的道路，才一步步从工人做到了秘书和财务主管[2]。

作为秘书和财务主管，戴维·甘博深度参与了宝洁公司 1890 年从合伙人制度到上市公司的转变。但是在 1894 年，戴维经历了一次重大的手术，不得不提

---

① 1 英里 =1609.344 米。

1 《詹姆斯和伊丽莎白·安妮·诺里斯·甘博之后代的家族谱系》是萨拉·甘博·爱波斯坦私人收藏中的一个笔记本（8 1/2 × 11）。另参见阿尔弗雷德·列夫：《"它浮起来了"：宝洁公司的故事》，纽约：莱因哈特出版公司，1958 年。

2 戴维·贝里·甘博（1847—1923 年）是一位非常仁慈和慷慨的人。在他去世之后，一名黑人妇女在他的葬礼致敬书中写道，假如她生活在奴隶时代，她会选择戴维·甘博作为她的主人。戴维曾经在一本手写的自传（约 1917 年）中讲述过自己的生平和职业生涯。那本葬礼致敬书和手写的自传如今都保存在加州圣马力诺亨廷顿图书馆格林兄弟建筑设计公司档案的戴维·贝里·甘博文件之中。

前退休。当身体恢复之后，他便把所有的时间都用来照顾家庭。他与妻子玛丽·哈金斯·甘博[1]有一个美满的家庭，并对他们的3个儿子照顾得非常尽心。[2]塞西尔·哈金斯出生于1884年，西德尼·戴维出生于1890年，小儿子克莱伦斯·詹姆斯出生于1894年。[3]还有一个等待了很久的女儿伊丽莎白才4岁就在西德尼出生的1890年夭折了，剩下6岁的塞西尔伤心不已，而玛丽则接连好几年都写不了日记。

戴维和玛丽·甘博，约1888年

---

[1] 玛丽·哈金斯·甘博（1855—1929年）是一位受人尊敬的长老会牧师的女儿。她于1882年跟戴维·甘博结婚，之后她丈夫也加入了长老会的教会。她是一位美丽的少妇，但总是疾病缠身，这影响到了她接受教育。她在史密斯学院曾经读过一年书，在此期间她跟同学们发展出一种令人难以忘怀的友谊。1895年6月1日，她在一封题为"致史密斯学院1882级亲爱的朋友们"的信中，详细地描述了在前几个月中戴维的病情。1924年，她把自己所保存的克莱伦斯·甘博及其家庭的档案文件捐赠给了拉德克里夫女子学院。萨拉·梅里·布拉德利·甘博的档案文件现藏于马萨诸塞州坎布里奇哈佛大学拉德克里夫高级研究院施莱辛格图书馆（MC368），简称SBG。"致史密斯学院1882级亲爱的朋友们"，1895年6月1日（SBG 16/323）。

[2] 1892年9月13日，在他们结婚10周年时，戴维写了一封措辞优美的情书给玛丽："我的心肝宝贝妻子……"（1SBG 16/331）。

[3] 塞西尔·哈金斯·甘博（1884—1956年）1906—1917年间曾在宝洁公司工作。当他从俄亥俄州的辛辛那提市移居加利福尼亚州的帕萨迪纳市，并以继承人的身份居住在甘博宅邸之后，他继续像过去在辛辛那提那样，广泛参与各种民事和慈善活动，包括支持基督教青年会。最后，他与1908年结婚的妻子玛格丽特·路易丝·吉本斯一起做到了让甘博宅邸始终保持原状。1966年，塞西尔和路易丝·甘博的继承人将甘博宅邸捐赠给了帕萨迪纳市政府，后者跟南加州大学联手，将这一建筑珍品用于教育和娱乐。1978年美国内务部将甘博宅邸确定为美国的一个历史地标。

二子西德尼·戴维·甘博（1890—1968年）曾一度在家里受教育，这也许是由他患有一种潜在的心脏病造成的。显然他是性格最随和的一个孩子。玛丽·甘博曾这样描述她的3个儿子："当你请塞西尔做某件事的时候，他会大惊小怪地抱怨，然后才去把事情做了。当你请西德尼做这件事时，他会笑容满面地去把事情做了。当你请克莱伦斯做这件事时，他会满面笑容地拒绝去做。"引自杜恩·格里尔·威廉姆斯：《每一个孩子都是不可或缺的孩子：克莱伦斯·詹姆斯·甘博医生在计划生育运动中的工作》，波士顿：哈佛大学出版社，1978年，第9页。

克莱伦斯·詹姆斯·甘博（1894—1966年）使得避孕药和宫内节育器在日本和印度的临床试验成为可能。他曾派遣玛格丽特·卢茨和爱迪丝·盖茨这两位成年女性和家庭计划生育的倡导者到全球各地建立计划生育诊疗所。每到一处，她们都成为当地社区所追捧和迫切需要的人物。

戴维和玛丽均是坚定的长老会教徒，在退休之后戴维跟玛丽一起广泛地参与改善社区的慈善活动。按照长老会的价值观，他们做得最多的事情是推动教育事业的发展。戴维是美北长老会海外传教部的董事会成员。玛丽作为女主人，把自己家的大门向社区中有声望的个人敞开，无论他们是回国休假的传教士、像穆德（John Mott）[1] 那样的改革派领袖、基督教青年会和世界学生基督教联盟的中坚力量，还是像艾迪（G. Sherwood Eddy）那样的学生志愿宣教运动的干事。对于那些在进步的时代改革中涌现的机构，戴维和玛丽都积极地提供了捐助，其中最重要的受捐机构就是基督教青年会和基督教女青年会。他们还捐助了本国和海外的高等院校，尤其是那些教会大学。塞西尔、西德尼和克莱伦斯就是在父母出于对公众利益的最大关注而慷慨付出自己的时间和金钱这样一个家庭里成长起来的。

　　戴维和玛丽同样关注教育自己的儿子们。1902 年，他们花了 4 个月的时间，带着 3 个儿子去游历了欧洲的历史遗迹和重要城市。7 月 14 日，他们在意大利的旅行尤其令人难忘。他们在威尼斯的圣马可广场（Piazza San Marco）上亲眼见证了圣马可钟楼雷鸣般的倒塌，后者自 12 世纪中期建成以来一直是一个令人瞩目的地标。[2] 在克莱伦斯后来的作品中，提及了他们 1902 年的这次欧洲之旅。跟克莱伦斯同样机敏，并比他大 4 岁的西德尼从这次旅行中肯定受益更多。

1　约翰·穆德（1865—1955 年），世界著名的卫理公会、基督教青年会和世界学生基督教联盟的领袖，对 1948 年普世教会协会的创立曾经做出过重大贡献。他是 1946 年诺贝尔和平奖的获得者。
　　G. 舍伍德·艾迪（1871—1963 年）是一位人气极高的福音传道者和 37 本书的作者。他在印度为基督教青年会的印度学生志愿宣教运动工作了 15 年。然后他又为基督教青年会国际委员会工作了 20 年，而且从来不拿工资。

2　玛丽·甘博日记：《我的海外旅行》（SBG 16/324v）。

在美国，塞西尔、西德尼和克莱伦斯曾被带去参观 1901 年在布法罗举行的泛美博览会、位于帕萨迪纳市的帕洛玛天文台，还出席世博会、展览、博物馆活动、讲座、戏剧表演和音乐会等。冬季一般都是在加州的帕萨迪纳市度过的，在那儿甘博一家可以享受温暖的气候、高智商的进步社区和社交俱乐部，以及那儿活跃的文化和伦理价值观（在帕萨迪纳酒精的销售受到限制，酒吧则遭到禁止），而且戴维和玛丽可以积极地支持那儿的长老会教堂、西方学院，以及在那儿蓬勃发展的基督教青年会和基督教女青年会。[1]

1907 年，戴维和玛丽买下了帕萨迪纳市威斯特摩兰广场 4 号的一块空地，以建造一个永久性的冬季住宅。至于建筑师，他们选择了毕业于波士顿麻省理工学院、富有天赋的格林兄弟，后者于 1894 年在帕萨迪纳市开设了一家建筑设计公司。到了 1906 年，查尔斯·格林和亨利·格林——用爱德华·R. 博斯利的话来说——正给美国艺术和工艺运动带来一种"清新和具有个性的视角"。[2] 在他们成熟的作品中，格林兄弟将非常光滑的木材、裸露在外的横梁，以及日本建筑元素等创造性地结合在一起，以构成优雅而美观的房屋结构。戴维·甘博宅邸的设计从 1907 年 5 月开始，在 1908 年 2 月完成。在这几个月内，玛丽·甘博肯定不断地跟查尔斯·格林就其新屋的设计进行密切的沟通。[3]

1 "帕萨迪纳是在 1886 年正式建市的……一个规模宏大而活跃的禁酒运动千方百计地想要在城市内杜绝酒吧。"锡达·伊伯顿·菲利普斯和帕萨迪纳历史博物馆：《早期的帕萨迪纳》，旧金山：阿卡迪亚出版公司，2009 年，第 9 页。

2 爱德华·R. 博斯利等人：《甘博宅邸：格林兄弟建筑设计公司》（风格的实验），纽约：菲登出版社，1992 年，第 4 页。

3 爱德华·R. 博斯利等人：《甘博宅邸：在加州建造人间乐园》（建构一种关系），洛杉矶：南加州大学建筑学院与城市档案出版社，2015 年，第 46 页。

甘博宅邸起居室的内景

　　玛丽非常欣赏那种能陶冶情操的艺术。她的母亲就曾经是一位画家，玛丽还收集卢克伍德陶器。[1] 只要读一下她个人的日记和信札，我们就可以了解她一生中在各个方面所达到的高水准。无论是克莱伦斯还是西德尼，他们在整个职业生涯中所取得的优异成绩——尤其是西德尼在他最好的照片中所体现的艺术性——都显示了这两个儿子从他们母亲那里受益匪浅，尤其是受她对于细节的关注，对于追求卓越的欣赏，以及对于崭新体验的开放态度的影响。戴维·甘博宅邸——这所格林兄弟设计的建筑杰作建成之后，宅邸所显示出来的奢华优雅很可能来自最初设计阶段格林兄弟那种高度集中的探索精神。就在 1907 年的某一时刻，即该建筑已经开始设计的那些忙碌而令人兴奋的日子里，戴维和玛丽·甘博被介绍给了费佩德（Robert F. Fitch）。

---

1 卢克伍德陶器工厂是 1880 年由马利亚·朗沃思·尼科尔斯在俄亥俄州的辛辛那提市开办的，它是美国第一个由女性拥有的生产陶器的公司。1876 年尼科尔斯参观了在费城举办的世纪博览会，那儿展出了日本人设计的产品。那些日本产品的艺术性催生了卢克伍德陶器工厂，尼科尔斯在那儿集中了当时最好的一些艺术家和上釉工。如今卢克伍德陶器是收藏家们非常珍视的藏品。

2. 费佩德

费佩德（约 1920 年）

费佩德是费启鸿博士（Dr. George Fitch）的长子。费启鸿于 1870 年来华，并于 1888 年作为美华书馆的主管和《教务杂志》（*The Chinese Recorder*）的编辑而定居上海。跟费启鸿的其他 5 个孩子一样，费佩德是在中国长大的，之后又去美国接受了教育，1895 年毕业于俄亥俄州的伍斯特学院，1898 年又毕业于匹兹堡的西部神学院。毕业以后，费佩德又回到中国生活和工作。[1]

费佩德是汉学家，喜欢跟当地佛教寺院的住持讨论佛教的信条。费佩德也是作家，他的《杭州旅游指南》一书被连续印了四版。他还是一位摄影师，美国国家地理学会还曾向他约稿，请他撰写配有照片的专题文章。但他归根结底还是一位教育家，是推动之江大学蓬勃发展的第四任校长，直至 1931 年中国法律规定，教会大学必须由中国人担任校长为止。[2]

---

[1] 费佩德：长老会历史学会海外传教使团档案，宾夕法尼亚州费城。此后简称为"学会"。

[2] 《杭州旅游指南》是由中国上海别发印字房刊印的，并先后在 1918 年、1922 年、1929 年和 1935 年出了 4 个不同的版本。

费佩德对生活充满感情和高度的热忱。他的小女儿费珍妮（Janet Fitch）在其回忆录《洋鬼子：一位在华教士女儿的回忆，1909—1935》（*Foreign Devil:Reminiscences of a China Missionary Daughter 1909—1935*）中充满深情地回忆了自己的父亲：

> 父亲有一种令人感到亲切的笑容，他会毫无拘束地仰天大笑。当他发怒时，他看上去就像是《圣经·旧约》中"耶和华的天谴"。……他爱憎分明，会按照局势的要求支持或反对你，但他为我们树立了一个好榜样：他对自己要求很高，同样也严格要求别人，并往往会如愿以偿。[1]

费佩德是一位优秀且充满热情的摄影师，有时甚至会因此造成他孩子们的痛苦。正如费珍妮在回忆录中所说的那样："我们通常要忍受长时间的寒冷，以等待他为了拍摄某一事件而调节好测光表。"[2]

1906 年，费佩德当时还在宁波从事传教活动，并且担任了一个半工半读的私立男校的校长。与此同时，在距离宁波近百英里的杭州，美北长老会办有一个名为育英书院的教会学校。1906 年，美北长老会和美南长老会达成了一个协议，要共同创办和管理一个新的学院，即后来于 1911 年成立的杭州之江学堂。费佩德被委以重任，被派往美国去为这个新学校募捐。就这样，1907 年在他前往美国休假期间，结识了许多在亚洲创办教会大学的支持者，其中就包括戴维和玛丽·甘博。

得知戴维和玛丽·甘博对在杭州创办一所新的长老会学院深感兴趣，费佩德马上邀请他们造访中国，以便能亲眼看一下选好的未来的之江学堂新校址。

---

[1] 费珍妮：《洋鬼子：一位在华传教士女儿的回忆，1909—1935 年》，旧金山：中国资料中心，1981 年，第 3 页。此后该书名简称为《洋鬼子》。

[2] 《洋鬼子》，第 6 页。

此时，戴维和玛丽·甘博还有要来亚洲的其他理由，其中有一条就是要让已经于1902年熟悉了欧洲的儿子们见识一下亚洲。甘博一家聚集在辛辛那提市，认识了在辛辛那提传教士训练学校受训的日本传教士。通过其他关系而认识的朝鲜传教士也邀请他们访问朝鲜。另外，他们在帕萨迪纳市精心设计和建造的、令人耳目一新的现代化宅邸也受到了日本审美观的影响。他们需要购置具有亚洲特征、最好是日本风格的内部装饰品，正好能顺便去日本和亚洲其他地方购买。

在确定了宅邸的设计样式，并将建造这座房屋的具体工作托付给格林兄弟建筑设计公司后，长子塞西尔便在辛辛那提市开始准备他即将在秋季举行的婚礼。"重要的一天终于来到了"：戴维和玛丽于1908年3月，带着17岁的西德尼和14岁的克莱伦斯，登上了"西伯利亚号"远洋客轮，开始了这个被克莱伦斯称作"东方巡游"的旅行。[1]

杭州附近运河上的帆船，费佩德摄

---

1 克莱伦斯·詹姆斯·甘博：《我的东方旅行：1908年日记》（SBG 16/340v）。

3. 东方巡游

　　在整个东方巡游的过程中，克莱伦斯都记有日记，这就给这段长达 4 个月旅行的每日活动提供了有时详尽、有时简略的记述。[1] 但克莱伦斯的日记准确地反映出了甘博一家在每天活动中所发现的兴趣和所感到的激动。他们首先在夏威夷略作停留，在传教士朋友的带领下，他们参观了帕拉玛定居点，以及当地的学校和学院。他们遇到了夏威夷领地的总督沃尔特·弗朗西斯·弗里尔、库克人，还看到了钻石山及其各处景点，这确立了他们整个东方之旅的活动模式。[2] 在夏威夷待了两个星期后，他们继续前往日本。在日本进行了 4 周类似的参观活动（其中包括多次购物）后，他们逐渐适应了东方的生活。但是到达中国后，克莱伦斯觉察到，中日之间的差异"显而易见"。后来他还写道，在中国的所见所闻"扑朔迷离"，"令人倍感困惑"。

　　甘博一家于 5 月 10 日（星期日）到达上海，费佩德派来的代表在码头上接到他们之后，把他们送到了外滩著名的礼查饭店。星期日早上，他们参观了闻名遐迩的上海新天安堂；下午则去参观了由美北长老会传教士范约翰（John M.W. Farnham）担任校长的清心书院。范约翰在 1860 年便来到了上海，并在那儿创立了长老会第一教堂。

江边水牛，西德尼·甘博摄，1917—1919 年

1　克莱伦斯·詹姆斯·甘博：《我的东方旅行：1908 年日记》（SBG 16/349v）。

2　帕拉玛定居点是协和教会于 1896 年创立的一个非营利性的、以社区为基础的社会服务机构。1910 年，它转变成了一个公司，直到 21 世纪它仍然在提供相关服务。库克人是指夏威夷当地五大公司之一的卡斯尔和库克公司的工作人员。该公司创建于 1851 年，后来被兼并，变成了多尔食品公司。

5月11日（星期一），甘博家的男人们去商店购买了去杭州探险和在大运河住家船上所需的补给品（尤其是摄影用的补给品）。他们出发的时间比预定的稍晚了一些，但是按照克莱伦斯的说法，这反而是一件好事。否则的话，"我们就碰不上那个混血儿容贵（Burnham Yung Kwai）和他妈来看我们了"。这俩人是甘博一家在从日本到中国的"满洲号"远洋轮船上认识的。在华期间，克莱伦斯曾去容贵家看望这位新结识的朋友好几次。

从上海坐船到杭州，在大运河上度过的这一天一夜里，西德尼和克莱伦斯拍了很多照片，记录了1908年大运河两岸的生活场景。他们看到了牌坊、店铺、城镇、房屋和寺庙，而在他们航行的大运河上，他们的船经过了住家船、客船、渔船、货船和驳船。快到杭州的时候，他们的船穿过了高大的石拱桥，在大运河的两岸他们看见了桑树和水牛。5月12日（星期二）晚上，他们才抵达杭州。下船之后，他们又钻进了形状怪异的轿子。克莱伦斯在日记中写道，所有这一切都是"那么的新鲜和令人困惑"。

就在第二天，即星期三，费佩德把甘博一家介绍给了传教士王令赓（Elmer L. Mattox）一家。他为大家雇来了轿子，并带着大家（尤其是戴维和玛丽·甘博）去看之江学堂的新校址。在中途歇脚的地方，甘博兄弟拍摄了建于975年的雷峰塔和建于954年的净慈寺。到了位于辽阔的钱塘江边的之江学堂校址后，克莱伦斯写道，孩子们都到江边去玩沙子，"身上弄得又湿又脏"。

5月14日（星期四），甘博一家去杭州的商业街区参观当地的手工艺店铺，拜访制作冥币的师傅和锯木头的工人。下午他们参观了司徒尔夫人的贞才女校，这也是外国人很早在中国创办的第二所现代女子学校，并在那儿购买了由女学生们制作的刺绣产品。

西德尼和克莱伦斯于星期五借用费佩德的水槽来冲洗胶卷。后来全家人去参观了育英书院，那儿的房屋"很简陋，尽管比女子学校要稍微好一点……而且对于在校的学生人数来说显得过于狭小"。下午，甘博一家参加了在育英书院举行的一个校友招待会。晚上则是在费佩德的家里吃了一顿半中式的家宴。

5 月 16 日（星期六），甘博一家坐轿子去了西湖边，接着他们上了一艘手划船，由克莱伦斯来划桨。他们在到达中国最古老和最重要的寺庙灵隐寺之前还穿越了飞来峰的一个洞穴。年轻的甘博兄弟俩拍摄的 1908 年灵隐寺的照片具有真正的历史价值，因为在这之后灵隐寺的殿堂都进行了重建。

5 月 17 日（星期日），大家都要去教堂。去教堂之前，他们见到了最著名的在华外国传教士之一梅藤更医生。甘博一家参观了梅藤更医生的广济医院、医学校和孤儿院，"所有这一切都干净整洁，令人很感兴趣"。晚上克莱伦斯跟着别人去看了城门，并站在城楼上眺望了西湖。他评论道，杭州的街道"似乎还是那么难以捉摸"。

梅藤更医生

5月18日（星期一）上午，西德尼和克莱伦斯冲洗了七个胶卷，"这是迄今为止我们在一天之内冲洗照片最多的一次"，克莱伦斯这样写道。然后，克莱伦斯罗列了他们在那一天所做的其他事情：看到了一个公立学校，在街上观看了三个婚礼的行列，还参观了一个中药店，毫无疑问，那就是创建于1878年的胡庆余堂。在那儿他看到"有30多只活的鹿，每只鹿都价值三四百元"，它们都是用来做中药的。在同一天，玛丽·甘博拜访了两位家财万贯的中国妇女，其中一位被证明是典型的中国婆婆：当跟四位媳妇说话的时候，"她说的每一个字都像是在扎她们的心"。另有一件更为愉快的事情：当天晚上甘博一家应育英书院校友会的邀请，出席了一场真正的宴会。

5月19日（星期二），甘博一家离开杭州时育英书院举行的欢送仪式场面极其隆重，有两个铜管乐队进行演奏，还有两个锣鼓被敲得震天价响。来自杭州育英书院的92名男学生全都身穿卡其布的制服，他们在护送甘博一家从清泰门到火车站的这段路上，鼓起腮帮吹奏铜管乐器，即使火车已缓缓启动，铜管乐队仍在继续演奏。

在回上海的途中，甘博一家又搭乘了大运河上的住家船。西德尼和克莱伦斯拍摄了水牛拉动水车，从大运河取水的照片。而且在快到上海的时候，克莱伦斯还发现了一个"水上鸦片仓库"（趸船）。5月20日（星期三），甘博一家住进了上海客利饭店。

5月21日（星期四），东道主费佩德的父亲费启鸿博士与甘博一家见面，并带他们参观了美华书馆，《教务杂志》就是在这儿编辑和印刷的。克莱伦斯拍了一张正在排字的机器的照片，并对汉字的数目有6万之多感到惊讶。

第2天，即5月22日（星期五），费启鸿夫人带甘博一家参观了一所幼儿园和一个男女儿童收容所。下午克莱伦斯去看望了容贵，其他人则去了圣约翰大学，即如今的华东政法大学。

圣约翰大学纪念坊，1929年建

　　5月23日（星期六），甘博一家进行了更大规模的购物，还在美华书馆前面拍摄了甘博一家人坐在独轮车上的照片。星期日早上，甘博一家都在休息；下午他们出去散步，在上海基督教青年会停留了一会儿。

　　甘博一家在中国的最后一天，即5月25日，是忙碌的一天。他们先是去购物，克莱伦斯在日记中写道："这儿的街道并不像杭州的街道那么脏，店铺看起来也更加像模像样些。"下午他们去豫园参观了假山和迷宫、一所天主教的教会学校，还有一所工读男校。

5月26日（星期二），这一整天都在给行李打包，"直到最后一刻还在试图把每件事都做完"，跟大家告别，最后终于登上了前往朝鲜的"蒙古号"远洋客轮。他们在朝鲜待了3周，游览了朝鲜的汉城和平壤后，甘博一家又去了日本。在那儿他待了6周，除了购物和参观日本的寺院之外，他们还参观了传教士们通常在7月去避暑的轻井泽。7月30日，甘博一家告别了东方和日本夏天的酷暑，登上"满洲号"远洋客轮回到了美国。

4. 余响

甘博一家作为费佩德的客人在中国度过的两个星期被证明对大家都是有益的。在中国的这段时光给克莱伦斯留下了深刻的印象，以至于在3年之后的1911年1月，他在西部神学院读书的时候，写了一篇经过深思熟虑的、题为《中国觉醒》的学期论文。他在文章中质询为何资源丰富的中国会变得这么贫穷，并指出中国所需要的是教育，尤其是西式教育："例如在杭州这个拥有600万人口的城市里，只有一个仅百位学生左右的学院。你们能想象一下美国只有普林斯顿这么一个学院吗？"[1] 作为他父母的儿子，克莱伦斯坚称，"我们足够幸运，能成为文明国家的公民，我们应该把自己的幸运分享给我们不那么幸运的兄弟们"。

杭州运河上的一艘农船，西德尼·甘博摄，1908年

---

[1] 克莱伦斯·詹姆斯·甘博：《我的东方旅行：1908年日记》（SBG 16/339）。

我们没有关于西德尼对他 1908 年中国经历有如何想法的文字记载，但是在他的档案里有一本 1908 年在中国拍摄的相册。那本相册里的许多照片跟克莱伦斯相册中的照片都相同的，所以我们不能够完全分清究竟是谁拍了哪几张照片。另一方面，西德尼在 1908 年似乎已经形成了自己的风格，他敏感的个性和善于发现普通事物中的优雅之处等特点使我们可以在这两本相册中辨认出，一些最吸引人的照片明显是出于西德尼之手，例如本书第 107 页那张表现街上孩子们的照片，第 103 页那张表现市场中人们的照片，第 93 页那张表现停泊在江边的船的照片，以及第 120 页那张费佩德的全家福照片。

跟费佩德在中国交往的这段经历给戴维和玛丽·甘博留下了深刻的印象，他们答应费佩德会给未来的之江学堂捐赠 7500 美元，以建造一栋宿舍楼。在离开中国之前，他们还另外捐给育英书院 2500 美元。[1] 后来戴维和玛丽·甘博又向之江学堂追加了捐赠款，以建造一个运动场，后者被恰如其分地冠名为"甘卜体育场"。

到了 1909 年，费佩德当时正在监造之江学堂的校园建筑。费珍妮这样描述她父亲勤奋工作的状态：

> 他每天的工作是从一个大本钟牌闹钟设定的 5：30 铃响开始的。在一个打开的窗户处做完深呼吸和俯卧撑之后，他会冲一个冷水澡，无论是什么季节……一吃完早饭，父亲就会卷起裤脚，并用夹子夹住，从大厅的衣帽架上取下费多拉软呢帽，然后骑上自行车，赶往火车站。20 分钟后，他就会手扶自行车，站在火车三等车厢的车尾平台上，火车行驶半小时后到了郊区钱塘江边的铁路终点站闸口。沿着有平底帆船穿梭不停的钱塘江边骑半小时的自行车，便可以抵达二龙头山的山脚下。然后他就会推着自行车，沿着陡峭的碎石路走上山坡，直至来到已经清空了的公寓房。他就是

1　费启鸿博士 1908 年 6 月 15 日写给斯皮尔先生的信（复印件），见于萨拉·甘博·爱泼斯坦的私人收藏。这个复印件是费氏家族谱系作者约翰·汤森·费奇为本书提供的。<www.fitchfamily.com>

在那儿监理建造之江学堂校园建筑的承包商建工队伍的……建造一所学院的重大责任从未使父亲感到趾高气扬或自以为是。相反，虽然这一职务需要长时间的艰苦工作，但它却使父亲的内心充满了喜悦和谦卑……他从不抱怨身体劳累或灰心丧气。[1]

1911年，之江学堂正式开学，当时它有120名学生。

之江大学主楼慎思堂，西德尼·甘博摄，1917—1919年

---

[1] 《洋鬼子》，第3—5页。

5. 1908 年的中国

　　甘博一家是在一个幸运的时刻来到中国的。仅仅八年前，中国人民长期郁积的反洋怒气在义和团运动中爆发出来：外国商人、传教士和中国教徒均遭遇了敌对和仇视。1870 年，当东道主费佩德的父亲费启鸿踏上华夏土地时，中国仍在从 1850—1864 年间太平天国的遗产中缓慢地恢复，而引起那场运动的部分原因也是出于对洋人的憎恨。

　　与中国的历史地位形成对比的，是它欢迎国际贸易和旅行家们，尤其是在丝绸之路贸易十分频繁的那些世纪里，中国在整个 19 世纪里都不太欢迎西方人。1793 年，当马戛尔尼勋爵率领英国特使团来中国谈判建立外交关系和开展对等贸易协定时，他给乾隆皇帝带来了昂贵的礼物和西方专业技术的样品。但作为天子来治理中国，并拥有众多藩属国的乾隆皇帝却用以下敕谕彻底排除了彼此建立关系的任何可能性："天朝物产丰盈，无所不有，原不藉外夷货物以通有无。"[1]

　　实际上，中国最终会发现，它必将逐步扩大对西方产品的使用，而老是对自己辉煌的过去感到洋洋自得，则无助于准备应对未来的变化。英国人在提出建立对等贸易的建议被拒绝之后，便将命运掌握在自己的手中。中国过时的木制兵船根本无法抗衡英国的坚船利炮。英国人的胜利所带来的就是一系列的不平等条约。这些条约中的条款都是由西方人拟定的，中国人没有力量抗拒这些条款。在 1842 年结束第一次鸦片战争的《南京条约》中，中国被迫向外国商人和传教士开放 5 个口岸城市。1860 年结束第二次鸦片战争的《北京条约》规定，外国的商人和传教士可以进入中国内地旅行，并在受治外法权保护的状态下在内地生活。也就是说，他们只受自己国家法律的管辖，而不受中国法律的管辖。于是外国人便蜂拥而入：鸦片贩子、商人，还有就是充满宗教热忱，但对中国情况一无所知的传教士们，后者无意中成了所在国政府的一种很有价值的政治工具。不平等条约为他们进入中国内地提供了一个"合法"的便利条件。

---

[1] 徐中约（Immanuel C.Y. Hsü）：《现代中国的崛起》（第 3 版），伦敦：牛津大学出版社，1982 年，第 16 页。

寺庙台阶上的香客，西德尼·甘博拍摄，1917—1919年

与数亿中国人相比，传教士的人数几乎可以忽略不计，但是他们在中国的存在，其身材、服装和仪态又是如此的怪异，给中国社会施加了一种与人数并不对等的强烈而有破坏性的影响。传教士们对个人权利的观点挑战了长期以来在中国占统治地位的家庭、宗族观念，还有他们反对缠足和歧视妇女的观点。由于传教士们并不尊崇土地神，也不过中国的各种节日，加上他们还有浓重的体味，所以他们很容易冒犯本地人。最早来华的传教士几乎没有做什么事情来讨好他们的中国东道主，如向来教堂听传道的人提供大笔钱和免费的食品，以至于那些后来被称作"吃教者"的中国基督徒被讨厌他们的中国人置于受传教士保护的荫盖之下。

此外，西方的商人和掮客们很快就带来了价格远低于手工艺人的产品和大批破产村民所制作产品的廉价商品。像铁路这样的发明彻底改变了南北货运的局面，通过水路将漕粮北运的传统做法被现金支付的铁路运输所取代。由此造成京杭大运河沿岸的水路和在各城市之间发展起来的陆路文化和经济处于崩溃状态，使驳船船员、加油船船员、纤夫、独轮车夫、店铺老板、客栈老板们都濒临破产和失业。[1] 建造铁路时的无序铺轨完全忽略了对地点和风水的考虑，以至于发生切断龙脉、侮辱土地神等违背本土文化的事件，而当时的中国人将风水和土地神等奉为尊崇和吉祥的实体存在。

---

[1]   徐中约（Immanuel C.Y. Hsü）：《现代中国的崛起》（第3版），伦敦：牛津大学出版社，1982年，第380页。

在整个 19 世纪，闭关自守的大清王朝沉溺于政治内斗，并在干旱、洪水、饥荒等天灾和经济衰退、贸易失衡、外国侵略和挑衅事件、结党营私、起义、暴动、叛乱和战乱不休等人祸面前均束手无策。因赈灾、组织军事战役和为不平等条约而支付的战争赔款所造成的巨额支出远远超出了政府的岁入，从 1861 年起开始垂帘听政的慈禧太后挪用国防经费来重修颐和园，更使清朝的腐败达到了一个新的高度。

占中国人口 90% 的农民不仅因洪水和干旱，更因为战争的毁坏而失去了他们的庄稼和农田。他们失去的还有市场：种植像棉花这样的大宗传统农作物因进口棉布更为廉价而变得得不偿失。农民饱受饥饿和贫穷，而且还会变得更加贫穷。

具有敏锐观察力的 14 岁少年克莱伦斯后来这样问道："为何自然资源如此丰富的中国会这样贫穷？"[1] 学者、知识分子和接受过更多教育的人也提出了几乎相同的问题：为什么中国如此虚弱和贫穷，而西方国家如此强大和富有？

制作灯笼的工匠，甘博摄，1917—1919 年

1　克莱伦斯·詹姆斯·甘博：《我的东方旅行：1908 年日记》（SBG 16/339）。

最早来华的传教士们具有火一般的传教热情，他们最早翻译的西文书籍都是些宗教小册子，但是这些传教士们所了解到的贫穷、缠脚、无知、文盲、卫生状况恶劣等迫使他们亲自动手来改变这种状态。他们开始着手创办学校和学院、组织图书馆、提供公益讲座、创建医院、提供医疗护理、治疗鸦片瘾，并训练中国的医护人员。到19世纪末，传教士们已经在中国所有的大城市里和大西北定居下来，正在做着能够改变现实的实际工作。

与此同时，在1850年后被译成中文的西文书籍中大约只有4%是宗教书籍，而其他96%的书籍囊括了社会科学、自然科学、历史、地理、航海、政治学、军事学、达尔文主义、哲学，后来还有文学——即能使读者洞察西方习俗和思想的小说。在历史上担负为国家排忧解难责任的文人和学者们都在阅读这些翻译过来的西方书籍。越来越多的中国人已经认识到，中国若想要振兴，再次变得强大，就必须向西方学习。

清朝具有改革思想的官员们在1872年实施了幼童留美计划，即遣派120名幼童去美国留学。幼童们住在美国家庭里，高中毕业后报考了耶鲁和哈佛等著名大学。如前所述，克莱伦斯·甘博是容贵的朋友，而容贵的父亲容揆12岁时就作为留美幼童之一赴美国留学。这个幼童留美计划的确为中国培养了一些受过教育的中国人，这些人回国后对国家做出了有益的贡献。但是1881年，该计划被慈禧太后和清廷中操控了政府的保守集团叫停。1894年，这个保守集团又扼杀了自1861年就已开始的洋务运动，后者引入了西方的顾问，以发展中国的军事。同样，皇帝三令五申才搞起来的戊戌百日维新也被慈禧太后扼杀在摇篮之中。

清代的慈禧太后（1835—1908年）

然而，外国的掮客、商人和传教士们在19世纪中叶就已经把新思想和创造发明介绍给了中国。西方的概念已经渗入了中国生活的每一个方面，不仅影响了经济，还影响了社会结构。个人的权利高于家庭和宗族诉求的观念已经写入了经过修订的清末律法。那些失去土地的农民和没有继承权的小儿子们纷纷涌入了口岸城市——那儿有外国人建设的基础设施和开办的工厂——以便能在那儿找到工作。在此过程中，年轻的中国人正在见证西方人是如何积累力量和成功的。

　　一个新的市民阶层已经形成。数百年以来，在士、农、工、商的中国社会等级排序上又出现了一个受过教育、能说流利外语，并且深谙外国人生意之道的买办阶层。后者专为外国企业家服务，以使外国企业能够在中国有效运转，并获得利润。

　　慈禧太后给予义和团的支持暴露了清政府的无知和虚弱。面对义和团的暴乱，西方列强没有得到准许，也没有申请准许，立即就进行了军事介入，并且解救了被困在英国驻京公使馆内的外国人。西方列强再次向清廷索要巨额的战争赔款，1901年9月7日，中国签署了屈辱的《辛丑条约》。

　　最终，美国显示了其传教士所宣扬的基督教伦理，将它所得到的一部分战争赔款用于建设中国国内的教育设施。到了1900年，西方人控制了中国经济的几乎每一个方面：银行、船运、铁路、电报、邮政、采矿和生产、棉纺和织布、炼糖、绢丝。西方人为所有这些中国雇员们支付薪水。到了1908年，追求西方时尚和信奉西方思想已经成了社会上的一种时尚。西方的资本（其中大约有一半是英国资本）在中国已经完全得以确立，此外还有外国资本对于中国的看法，即认为中国在为西方服务方面起了半殖民地的作用。20世纪，这种情况将完全改变。

　　1908年甘博一家在中国时幸亏有费佩德这样一位理想的向导，因为后者是在中国出生和长大的第二代传教士，能说流利的中文，深谙中国文化，并挚爱中国人民。他和他的家人都经历过动荡，也忍受过经常针对基督徒和外国人的仇恨。费佩德的父亲费启鸿在其主编的《教务杂志》中分别收录了中外作者的文章，为中西方的相互沟通和理解建造起一座桥梁，并打造出了一个思想交流

费启鸿（1917 年）

的平台。曾先后在宁波和杭州两地担任教育工作者的费佩德跟他所在的社区有紧密的联系，与官员、僧人和普通百姓均有密切的私人和工作交往。像费佩德一家这样的传教士们是真正地在为中国社会服务，并且为中国新的成长和发展做出了很大贡献。

在 1908 年，认识中国是甘博一家在短短两星期内希望做到的一切。在这个幅员广阔，人口众多，其国土面积跟美国差不多一样大的国家里，一般认为需要 5 年的时间才能使一个传教士学会它众多方言中的一种方言，并因此能积极开展传教活动。甘博一家在欧洲听到的都是一些他们所熟悉的语言——玛丽、克莱伦斯和西德尼都学过法语和德语——而在中国，汉语的音调变化对他们来说都是毫无意义的。在欧洲，甘博一家能够阅读用拉丁字母拼写的标牌；而中国的汉字对于他们来说则恍若天书。欧洲的建筑经常跟辛辛那提市的建筑相差无几。由于玛丽的母亲喜欢临摹名画，所以博物馆里的艺术展对于甘博一家来说也并不新奇，然而在中国却根本找不到这样的艺术展。用克莱伦斯的话来说，所有的一切完全"令人困惑"。无怪乎，在费佩德特地邀请西德尼·甘博一起去探索西藏边界，以及普林斯顿大学的校友们请求他去北京工作，以便能运用他的经济学新知识对北京做一个社会调查之前，他本人对于回中国考察并没有表达过任何兴趣。

甘博一家离开中国 3 年之后，1911 年的辛亥革命推翻了清朝的统治和统治中国长达 2000 年的君主专制制度。但那些自私自利的军阀们仍然在为争夺权力而勾心斗角，另一个新的阶层出现在新中国的阶级排序之中，它将分裂中华民族和刚刚成立的共和国。当西德尼·甘博于 1917 年回到中国的时候，他将会发现那个无能的政府所带来的混乱和贫穷。在甘博一家于 1908 年所看到的相对平静和清政府一心想要实现工业化的背后隐藏着共和主义、民族主义，以及最后的共产主义等各种政治激流。

坐在重庆一个石阶上的乞丐，西德尼·甘博摄，1917 年

6. 一种经济学的教育

在费佩德负责监造之江大学校园和主导其早期发展的同时，西德尼正就读于普林斯顿大学，他自 1908 年秋天从亚洲回到美国之后，便立即成了该校的一名本科生。[1]

---

[1] 西德尼·甘博的书信和日记原件现都已遗失，这里所提供的信息主要依据邢文军（Wayne Xing）的博士论文。邢文军：《社会福音、社会经济学和基督教青年会：西德尼·甘博和"普林斯顿在北京"》，博士学位论文，马萨诸塞州州立大学，1992 年。该博士论文此后简称 Xing。

普林斯顿大学的教育理念是培养具有公民意识并推动社会进步的人。用1908 年普林斯顿大学校长、1913 年美国第 28 任总统伍德罗·威尔逊的话来说就是："普林斯顿为国家服务。"在威尔逊的领导下，普林斯顿人的信念是：每一个普林斯顿大学的毕业生都要为国家和世界服务终生。这一信念与西德尼从小受到的家庭教育是一致的，它强调人道主义的价值，以及对国家和社区的服务。

戴维·甘博让他的 3 个儿子都上了普林斯顿大学。因为这原本是一所长老会创办的学院[1]，从 1825 起，学院就鼓励学生成为传教士，为此还专门成立了费城学会。到了 19 世纪 70 年代中期，普林斯顿学院的费城学会就包括了在大学里最早的基督教青年会。1883 年，普林斯顿学院海外传教使团成立。1906 年，当费城学会提供经费，在北京创办了一个基督教青年会之后，普林斯顿大学与中国的联系得到了加强。在北京负责监督基督教青年会发展和维护的"普林斯顿大学驻北京同窗会"（Princeton-in-China）就是由普林斯顿大学的毕业生们创建的。

当西德尼·甘博于 1908 年秋天入读普林斯顿大学时，他并没有在发表于该大学的《拿骚先驱报》（Nassau Herald）的文章中透露出对中国的兴趣。作为1912 届学生，他选择了"农业"作为自己的主修专业。他成为费城学会的会员，积极参加了学会组织的活动（如跟创建北京基督教青年会相关的讲座），并且定期为中国的基督教青年会募集经费。但西德尼同时也是下面这 4 个音乐团体的成员：合唱团、教堂唱诗班、管弦乐队和俄耳甫斯歌咏队。自然地理学是他最喜欢的课程，摄影是他最痴迷的业余爱好；他的摄影作品获过奖，并且经常发表在普林斯顿大学的出版物上。

大学四年级的时候，西德尼似乎已经发现他真正爱好的专业是社会经济学。在他的整个青少年时期，他父亲戴维一直都在处理劳资纠纷。宝洁公司总是用优厚的雇员福利措施来平息工人罢工——8 小时工作制、利润分享、养老金计划和人身保险。戴维曾经带西德尼去参观过宝洁公司新建的现代化象牙谷工厂，

---

[1] 普林斯顿学院创立于 1746 年，位于美国东海岸新泽西州的普林斯顿市。1896 年它正式升格和改名为普林斯顿大学。

后者当时为工人们提供了理想的工作条件。西德尼选修过戴维·A.麦凯布的一门课，后者研究劳工经济学，如集体要求涨薪、工资标准、劳资纠纷、工作条件等。这门课向西德尼展示了宝洁公司所规定的那些开明福利措施的重要性。麦凯布的教学后来成为普林斯顿大学在劳工经济学和工业关系等领域独占鳌头的一个基础。[1]

俄亥俄州辛辛那提市宝洁公司象牙谷工厂，1886年

西德尼是1912年以二等优等生（Magna cum lauda）的成绩从普林斯顿大学毕业的，他的主修专业是社会经济学。毕业后他去了父亲公司旗下的加州埃斯孔迪多水陆公司工作。西德尼本来曾经有过一个做房地产生意的计划，然而当他在加州度过了一个特别寒冷的冬天之后便打消了这个主意。他似乎对中国毫无兴趣。

---

[1] 戴维·A.麦凯布（1883—1974年）从约翰·霍普金斯大学获得了博士学位，并在普林斯顿大学任教43年。他总是很受学生们的欢迎，并以他风趣而发人深省的讲座著称。

1913 年夏天，西德尼在密歇根州港角甘博家族的一个夏季营地度假。他用麦凯布讲课的要点来审视宝洁公司在雇员关系上的成功，似乎激发了他了解工人现实生活的兴趣。所以，在这个夏天，西德尼考察了模仿简·亚当斯赫尔之家建立在芝加哥牲畜围场附近的大学住宅区。也许是出于偶然，但更可能是由于命运的安排，他在那儿遇到了杰出的劳工经济学家卡尔顿·H.帕克，后者出于对研究工人劳动条件的兴趣也来到了芝加哥牲畜围场附近的大学住宅区，以便进行考察。[1]

1913 年，帕克在加州大学伯克利分校教书，并且他刚被聘任为新成立的加州移民和房屋委员会执行干事。这个委员会的经费是由私人捐赠的，戴维·甘博就是私人捐赠者之一。克莱伦斯和西德尼 1914 年曾在这个委员会工作过一段时间。

西德尼在该委员会工作期间曾经跟帕克朝夕相处，这使得他有机会了解帕克和他的思想。帕克的理念力求公正，综合性强，并被认为观点激进。他曾有过做矿工的经历，在海德堡大学追随德国历史学派研究过社会经济学，还做过跟经济学有关的心理学研究，这些阅历使他能够看到正统美国社会所不愿意看到的东西，即罢工和暴力是"饥饿的呐喊"。

> 流动性的零散季节工是经济环境的制成品。这种经济环境残酷而有效，因为它能够按照被社会所憎恨的所有标准源源不断地制造出人类来。[2]

帕克既把人类看作是环境的制成品，同时也把每一个人视为个体。1914 年秋天，西德尼在加州大学伯克利分校研究生院注册入学。帕克就是他的老师之一。在伯克利，西德尼学会了研究特定人口的生活状态，从而确定这一人口所面临的问题和需求。西德尼选择加州艾奥尼一个名为普雷斯顿工读学校的州立青少年感化学校中的 440 名男孩子作为他毕业论文的研究对象。毫无疑问，他对于

---

[1] 卡尔顿·H.帕克（1878—1913 年）。参见可妮丽雅·斯特拉顿·帕克：《一首美国田园诗：卡尔顿·H.帕克》，纽约：大西洋月刊出版社，1919 年。

[2] 卡尔顿·H.帕克："The I.W.W."，《大西洋月刊》1917 年 11 月，第 662 页。

感化学校男学生们的研究经历拓宽了他的世界观，并且加深了他对同胞的热爱。西德尼后来写道，他对于自己有机会目睹这些男孩子们如何生活，以及理解造成他们目前状况的那个环境，永远都心存感激。

当他于 1916 年从伯克利硕士毕业时，西德尼已经确定了他的生活轨迹，并且清楚地知道自己想干什么。在一封写给过去在加州奥海镇撒切尔学校的老师和老朋友谢尔曼·D. 撒切尔的信中，西德尼声称："经济学是我要研究的领域。"[1]

卡尔顿·H. 帕克，约 1915 年

7. 对西藏边界的考察

大约在 1905 年，费佩德首次看到了有关中国四川省和西藏边界的照片。虽然那些照片的清晰度不太好，但是对于那片狂野和气势磅礴的土地的惊鸿一瞥给费佩德留下了深刻的印象，产生一种想要探索和拍摄西藏边界的梦想。[2]当费佩德与西德尼在 1908 年认识之后，费佩德一定觉得这个年轻人心地特别善良，

---

1 西德尼·D. 甘博致谢尔曼·D. 撒切尔的信，1916 年 9 月 28 日，引自 Xing，第 98 页。

2 关于考察西藏边界的信息来自费佩德的文章《四川北部》。费佩德：《四川北部》，《教务杂志》1918 年 12 月，第 774—786 页。后面简称"川北"。

因为他当时告诉西德尼，假如以后有可能去考察西藏边界，他一定会叫上西德尼。9 年后，费佩德终于有了这样的机会（具体原因我们并不清楚）。1917 年 6 月 17 日，费佩德、西德尼·甘博和 1912 年调来杭州工作的传教士安尔吉（J. Hillcoat Arthur）从上海出发，去探索扬子江上著名的三峡和西藏边界，并试图进入西藏旅行。他们至少要雇佣 15 个苦力来抬轿子、运送个人的补给品和照相设备等。

这是一次非常危险的旅行。暂且不考虑在扬子江上航行会遇到的困难——不稳定的湍流、洪水、险滩和漩涡、水下暗礁，还有能一下子吞噬一艘、两艘，甚至三艘长达 120 英尺的大船，或把这些船瞬间推向江边山壁那累累巉岩下的突现漩涡。每年有 5% 的平底帆船在扬子江里沉没，而沉没江底的救生船比率则高达 10%。扬子江上游的政治形势则更令人担忧。

西藏边界，费佩德摄，1917 年

1912年清朝被推翻之后，四川这个富庶的省份不再向中央政府交纳税收。邻近的省份变得贫穷，而四川省则被鸦片走私犯、散兵流寇和由流寇收编的士兵们所接管。当费佩德的探险队到达重庆时，他们看见每天都有强盗被抓进城来，又被推出城去处决斩首。重庆的美国领事建议他们不要随身携带枪支和贵重物品，虽然他们三人有一队士兵护送（这是当时所要求必须做到的），但由于卫兵们并不带枪，所以有时卫兵还得指望这三位白人来保护他们。

　　他们所面对的挑战远不止乱开枪的士兵、土匪和鸦片走私犯。当这几位探险者深一脚、浅一脚地穿越幽深的山谷时，在两旁的悬崖绝壁上隐藏着土匪，更糟糕的是，后者可以轻易地并且确实曾向他们开枪，而且并不仅仅是开枪吓唬他们。没有土匪伴随的山间小路并不一定意味着危险就更小。有许多小路只有当地人才知道，而且也只有他们才能够走得通。有一条小路是在几乎垂直的石壁上，在一些特别难攀登的地方，只能靠在光滑的石壁上每隔一段凿出一些可以踏脚的地方攀登。

岷江上的一座竹索桥，费佩德摄，1917年

　　要到达位于岷江之上2000英尺①的一个城镇（当然，这是探险者们所必须达到的），探险队通过了一个陡峭的悬崖，不断有土块从上面滑落下来，所以这段路几乎是走不过去的。倘若有人脚下打滑，就会坠入万丈深渊。在人们的头顶上，巨大的岩石似乎随时都会落下来，而且它们有时确实会掉下来。在某一处地方，有一块巨大的圆石就从山坡上滚了下来，从安吉尔几秒之前还站着的地方滚了过去，然后跳跃着跨过了一条宽阔的溪流，并落在了他们3个人刚才站过的地方。这儿还要提一下，探险者们在岷江上冒险经过了一座摇摇欲坠的竹编悬索桥，那些捆在桥上的绳子都已经磨损或烂掉了。

---

① 1英尺＝0.3048米。

川北绝大部分的当地人都从未见过白人和照相机，所以人们经常会害怕这几位探险者，并且通常会不信任他们，连他们携带的相机也被认为是邪恶的和不可触摸的东西。有趣的是，在当地办医院的传教士们总是在双方之间扮演和事佬的角色。他们是唯一在当地被各方面的人都认为是值得信任的人。

费佩德发表在《教务杂志》上的那篇文章是我们了解那次川北之行的唯一主要的信息来源。[1] 费佩德在那篇文章里并未提及他们三人在某一时段曾被当作人质好几天。这一信息可见于前面提到的费珍妮那本题为《洋鬼子》的回忆录。费佩德也没有在自己的文章里承认他们曾好几次被强盗抢走身上值钱的东西和廉价的手表，而且他们还有一次越过省界，进入了西藏。

通过阅读费佩德的文章和浏览探险队所拍摄的那些非同寻常的照片，人们对自己所读到的故事和所见到的画面均惊愕不已：例如风箱峡位于悬崖峭壁之间，江面宽度只有 450 英尺，而两边的石壁则高达 2000 英尺；建于 250 年的盐井，其竹筒管道是用亚麻、桐油和钉子连接在一起的；具有 2000 多年历史的都江堰灌溉系统覆盖了广袤的成都平原，其大小约长 80 英里，宽 65 英里；高达 22000 英尺的大山光秃秃的，几乎完全没有植被；不能通航的岷江江水清澈而湍急，奔流在海拔 14000 英尺的高山上；用石头垒起来的方形塔楼有时竟高达 100 多英尺，其底座的直径为 30 英尺，而大门则开设在离地 15 英尺高的地方；在寺院的废墟和在西藏省界以外，不为人知的当地人那些异乎寻常的宗教崇拜仪式；以及那地方的极度贫穷。

10 月 9 日，探险任务结束，探险者们回到了上海。然后费佩德和安吉尔回到了杭州，西德尼则回到北京去做研究，他要为基督教青年会主持一次社会调查，其调查报告将最终成为他的第一部社会经济学论著——《北京的社会调查》（*Peking: A Social Survey*）。在 4 个月的时间里，安吉尔、费佩德和西德尼走了4000 多英里的路程，一路向北，来到了杂谷脑河流域，并且拍摄了 3000 多张照片。利用这次探险所拍摄的照片，费佩德制作了一套名为"西藏边界"的幻灯片，并带着它去美国巡回演讲，以便为之江大学募集捐款。西德尼将黑白照片的底片塞进了数个鞋盒里，直到他去世 15 年以后，这些照片底片才偶然被发现。

1　《洋鬼子》，第 109—111 页。

北京贫民收养所里的男人们，甘博摄，1917—1919年

8. "被东方的臭虫咬了一口"

西德尼·甘博和费佩德有许多相同之处：他们都喜欢摄影，他们都关注中国人民，他们都想要减轻中国的贫困和教育中国人民。正如费佩德在《教务杂志》的文章中提及四川人民时所说的那样：

> 四川人手脚勤快，并且似乎喜欢勤劳的生活，然而四川的政治状况是如此可怕，各省之间又是那样的明抢暗斗，以至于许多人为了自保而落草为寇……他们肯定有想要接受更好教育的欲望，以及尽力而为的道德力量。[1]

西德尼以科学家和善于给这些社会问题提供解决方案的社会经济学家的心态，在《北京的社会调查》第一章中这样写道：

> 中国是一个大问号和巨大的挑战……由于这个国家正从一个古代的帝国向现代民主政体转变……人们很难想象这样一种形势，即对于那些想要帮助中国的人来说，准确的事实细节和强大的社会项目要显得更为重要和更加必要。[2]

费佩德给了西德尼这个见识连中国人都很少听说过的偏远地区的机会，而他们在一起相处的时间，以及他俩相同的兴趣，对于西德尼来说肯定具有不可估量的价值。对于一个在读大学时最喜欢自然地理学的年轻人来说，去四川和西藏省界探险无异于梦想成真。在这两位优秀的摄影师中，费佩德更多地关注了历史遗迹和风景，而西德尼则更多地拍摄了人，尤其是单个的人。

与卡尔顿·H.帕克一样，西德尼·甘博对劳动人民的生活环境有很深刻的了解。西德尼对他们生活的感同身受，以及对他们人格的尊重，在他的照片中显露无遗。在中国生活，即使是坐轿子或是骑在别人的背上，也需要很大的体力消耗，正如费佩德在他对于监造之江学堂校园的叙述中所说的那样。无论如何，西德尼的西藏省界之旅只是他带着相机在中国探险的一个开端。他游览并拍摄了中国至少 32 个地区，包括位于北京郊区的妙峰山。他在妙峰山拍摄了每年一次的烧香朝圣之旅，那儿每年最多能吸引 40 万名香客。西德尼的照片既是艺术品，同时又是他对中国人民的生活进行社会调查和研究的客观记录。

1　费佩德：《四川北部》《教务杂志》1918 年 12 月，第 795 页。

2　西德尼·甘博：《北京的社会调查》，纽约：乔治·H.多兰出版公司，1921 年，第 25 页。

费佩德在写给美北长老会海外传教部，但没有标明日期的一封信中写道：

> 在南京国民政府里有一帮能力超群的人，尽管他们有优异的资历，但我可以代他们说一句，他们正面临着最难解决的问题。不仅华北目前有可怕的饥荒，就连浙江省也因为干旱，72 个县中已经有 58 个现处于半饥荒的状态。还有虫灾在一直吞噬庄稼。除了这些自然灾害之外，内战也已经爆发。中国正处于进行一场巨大实验的混乱之中……我无法想象如今还有任何其他地方能比中国更加吸引人了。[1]

重庆的一名乞丐，西德尼·甘博摄，1917 年

要是由西德尼来执笔的话，他写出来的东西会跟此大同小异，只不过西德尼会把结尾改为：我无法想象如今还有任何其他地方的人能比中国人更加吸引人了。

1908 年的东方之旅给克莱伦斯和西德尼都留下了一种不可磨灭的印象，这种印象将会影响这两个年轻人未来的成长和发展。克莱伦斯就像是能够在无意中预测他一生的目标将会是支持妇幼健康事业似的，他 14 岁时就在 1908 年的日记中这样写道："这儿大多数姑娘的身上都背着婴儿。"[2] 当克莱伦斯从哈佛大学获得医学博士学位之后，他就开始了医学研究的生涯，并且很快就把研究重点集中在创造有效的计划生育措施上了。他跟玛格丽特·桑格一起发明了一种安全的避孕药，并且建起了社区妇幼健康诊疗所，以便使计划生育得以合法

1　美国费城长老会历史学会档案。

2　米莉亚姆·里德：《1908 年的中国：14 岁的克莱伦斯·詹姆斯·甘博的探险之旅》，2013 年，第 4 页。

和普及。为了达到这个目标，他还跟日本的公共卫生研究所进行了合作。克莱伦斯是一个不知疲倦的全球旅行家。他创建了非营利性的国际开拓者组织，该组织在他生前为60多个国家提供了家庭计划生育的普及教育，而且至今仍在印度、非洲和近东进行普及性和妇幼健康的教育。

北京通州的一位鞋匠，西德尼·甘博摄，1918年

当西德尼提及他对于中国的迷恋时，他这样写道："被东方的臭虫咬了一口——这之后我就再也没有恢复过来。"[1] 这儿的"咬了一口"指的是他遇见费佩德这位传教士、教育家、摄影师，后者对中文和中国文化了如指掌，并且一辈子都在研究中国的宗教和中国人的生活习俗——这样一个人能够把不为人所知的中国介绍给西德尼。西德尼再也找不到一个能比这更深刻了解中国的途径了。

在 1917—1919 年那次中国之旅后，西德尼又曾于 1924—1927 年和 1931—1932 年两次回到中国。无论是在美国还是在中国，西德尼的生活和工作都贡献给了研究中国：最初他是作为北京基督教青年会的一位干事，后又作为燕京大学的教员，参与了发展青年会组织和创建社会学专业课程的工作；而且每次来华他都在编纂资料，并为开展严格的社会经济学调查而进行研究，他所写的那些调查报告现在已被视作中国学、社会学和考古学中的经典著作。他发表了众多的文章和小册子（如那些痛斥妇女缠足陋习的），以及像《北京的社会调查》（1921 年）这样的论著。此外，西德尼还出版了《住在北京的中国家庭》（1933年）、《定县，华北的一个农村社区》（1954 年）、《华南的村庄》（1963 年）、《华北的村庄：1933 年前的社会、政治和经济活动》（1963 年）和《中国的社戏》（1970 年）等一系列著作。

同样有力和重要的是他所写的那些严谨的社会调查报告。它们成了解读西德尼·甘博所拍摄照片的一个宝藏，这些老照片的特质使其传承和教育意义超越了时间和空间。西德尼·D. 甘博档案现在被北卡罗来纳州达勒姆的杜克大学收藏，它包括了 5000 多张黑白照片、近 600 张手工着色的玻璃幻灯片和 16 卷电影胶片。这个档案的内容都是源于一个 17 岁美国男孩 1908 年对中国进行了一次为期两周的游览，并且认识了一位热爱中国的美国传教士摄影爱好者。

1　邢文军：《社会福音、社会经济学和基督教青年会：西德尼和"普林斯顿在北京"》，博士学位论文，马萨诸塞州州立大学，1992 年，第 47 页。

尾声

1999 年 10 月 1 日，是中华人民共和国成立 50 周年的国庆节，在北京的街道上举办了人们期待已久的庆祝活动。由 11000 名官兵组成的大型三军仪仗队接受了检阅，坐在天安门广场检阅台上的中外人士聆听了国家领导人强调社会主义价值观的讲话。被挡在街道之外的北京市民跟中国其他地方的人民和外国记者一样，只能通过电视屏幕才能够看到长达数千米，动作整齐划一的官兵仪仗队伍。[1]

15 天之前，也就是 9 月 16 日，210 张精选的西德尼·甘博老照片展按计划准时开幕。正如西德尼·甘博传记的作者邢文军所说的那样："这 210 张照片是根据历史、考古学、人文和摄影艺术等内容而精选出来的。我相信，它们代表了甘博 5000 张照片中的精华部分。"[2] 这个展览所展示的场景与几个街区之外的庆祝活动形成了一个鲜明的对比。在展区的某个地方，西德尼·D. 甘博的脸上仍然挂着微笑。

扫码领取
★ 彩色中国资讯
★ 晚清中国历史
★ 阅读交流社群

---

1 参见 "1999 年 10 月 1 日中华人民共和国 50 周年国庆"。<http://www.chinaheritagequarterly.org/features. php?searchterm=017_nationaldays. inc&issue=017，Retrieved 8 April 2017. >

2 邢文军于 2017 年 3 月 27 日发给米莉亚姆·里德的电子邮件。

西德尼·甘博, 约 1927 年

1908 年

5 月 8 日
（星期五）

至

5 月 26 日
（星期二）

华—夏—之—旅

克莱伦斯·甘博的日记
及甘博兄弟俩拍摄的照片

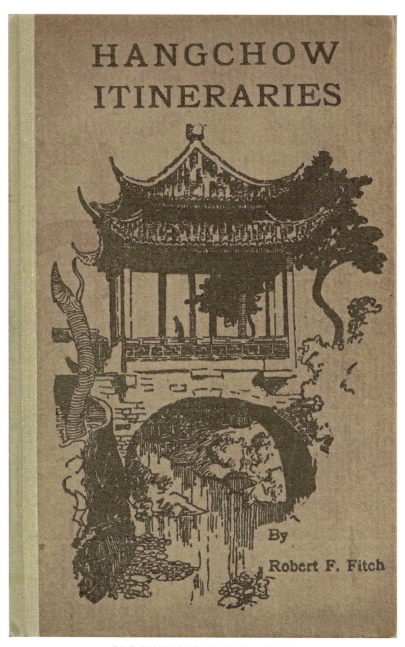

费佩德《杭州旅游指南》（1922年）一书的封面

长崎，1908 年 5 月 8 日，星期五

"昨晚五点，我们的船驶出长崎海港，开始了前往中国的航程。"（克莱伦斯·甘博）

上海，1908 年 5 月 9 日，星期六

"当我们从客轮登岸时，费佩德派来的一位代表已经在那儿迎接我们，他把我们带到了礼查饭店。"（克莱伦斯·甘博）

礼查饭店的广告

17 岁的西德尼·戴维·甘博，他 14 岁的弟弟克莱伦斯·詹姆斯·甘博，还有他们的父母，戴维和玛丽·甘博，在到达日本 4 周之后，于 1908 年 5 月 8 日乘坐"蒙古号"轮船离开日本，并于 5 月 9 日（星期六）抵达上海。甘博一家是应费佩德的邀请来造访中国的。身兼汉学家、摄影师、传教士、教育家和作家的费佩德著有一本题为《杭州旅游指南》的书，该书已经再版到了第 4 版。费佩德（1873—1954 年）任教于上海西南面 100 多英里处的杭州育英书院，此即甘博一家的最终目的地。

甘博一家住在外滩最好的礼查饭店，如今它仍然是上海一家重要的旅馆，现已改名为浦江饭店。该旅馆始建于 1846 年，起初的英文名为 Richards

上海礼查饭店（约 1900 年）

Hotel（礼查饭店）。1859 年，它被转手之后，英文名被改为 The Astor House Hotel，但中文名称依然未改，从那时起它便成了世界上最著名的旅馆之一。

独轮车 这种独轮车据说是诸葛亮在 231 年的蜀汉时期所设计的，可利用中国巨大的人力资源，所以成了中国各地运输食物和军需品的理想工具。

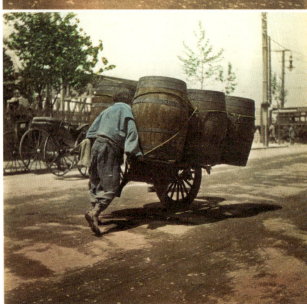

上海的独轮车 请注意在这两张照片中，上海在 1908 年就有了宽阔的街道、西式洋房和电线杆。

上海，1908 年 5 月 9 日，星期六

"中国与日本的区别一目了然。在日本，人们在工作时所用的绝大部分车辆都是二轮车，但是在中国，人们买不起二轮车，所以他们用的都是独轮车。"（克莱伦斯·甘博）（参见本书第 187 页上的编者注）

上海一辆独
轮车上的四
位乘客

上海，独轮
车上的两个
乘客

独轮车

正如费珍妮（Janet Fitch）在其1981年回忆录中指出的那样，这些装在一个轮轴未加过油的巨大木轮上，并发出"叽叽嘎嘎刺耳声音的怪物"，也许早在231年就已经被蜀汉时期的诸葛亮宰相用来运送军事补给品。他所设计的独轮车是一种令人印象深刻的发明。早期中国和西方所使用的独轮车必须要靠人力来使装载在车上的重量与车前部的小轮子保持平衡，而诸葛亮发明的独轮车有一个位于车中部的大轮子，它可以支撑货物的重量，独轮车夫只需要把握方向就可以了。独轮车可以装载6个乘客（即左右各3个）或500磅（227千克）的货物。人推的"木牛"车身朝前，人拉的"流马"车身朝后。这些中国独轮车的动力都来自人力、役畜和风帆。一队队这样的独轮车将货物源源不断地从运河边运往内地的各个配售点。这种独轮车可以适用于自3世纪起就开始在整个中国形成的密密麻麻的崎岖小路，因为在此之前的几个世纪曾经出现过的纵横交错的宽阔大路早已消失。克莱伦斯当时并没有察觉到所有这些历史背景。

上海的马车和两位马车夫

上海，1908年5月10日，星期日

"我们离开弗里斯科已经有两个月的时间，而离开日本只有一天，但我们在这段时间里的所见所闻却是那么多姿多彩！"（接下页）

1908 年的上海是一个时尚的现代化城市，城市里有许多地方相当西化，宽敞的街道两旁矗立着西式洋房，戴着大礼帽的和梳着长辫子的人摩肩接踵地在人行道上走。街道上随处可见载着乘客的独轮车和挂着牌照的黄包车，当时上海的第一条电车轨道已经在开工建造，不久的将来就会有交错纵横的电车轨道将这个城市的贸易和商业中心连接起来。汽车已经变得非常流行，这预示着马车即将寿终正寝。1908 年，上海已经有了第一家电影院。

礼查饭店并非是当年上海唯一的西式旅馆。其他那些富丽堂皇的旅馆，如汇中饭店、兴隆酒饭店、青岛大饭店，另外还有甘博一家应费佩德邀请在杭州待了一星期之后，回到上海时所住的大客利饭店，都是专门接待西方旅客的。

礼查饭店自 1882 年起就用上了电，此时的上海已经有了电报和电话。在上海最热闹和高档的外滩和南京路有多家国际银行和大约 18 个外国领事馆，21 世纪的今天，情况依然如此。在 20 世纪初，大约有 40% 的国货都要经过上海出口，给这座正在崛起的东方大都市带来国际投资、全球贸易和极大的活力。

"今天早晨，费佩德先生派来护送我们去杭州的马尔济先生陪我们去了新天安堂。那儿的牧师就像是在数羊群只数的牧羊人。至少他布道时眼睛是闭着的。"（接下页）

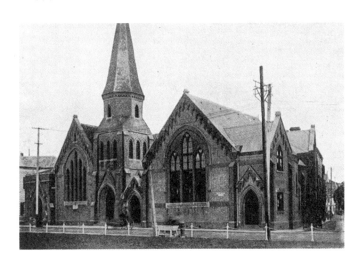

新天安堂

建于 1886 年的新天安堂是身为英国皇家建筑师学会客座会员的建筑师威廉·多德尔（William Dowdall，1843 年出生）设计的作品。它建于苏州河的岸边，因为水路交通是当时最可靠的交通方式。这所教堂糅合了哥特式和古罗马式的建筑风格，用蓝灰色砖和红砖砌出规则的花纹图案。在数十年的历史中，它一直是上海新教教徒们聚会的一个中心。1949 年以后，作为地标的教堂尖顶被拆除，漂亮的砖墙被涂上了一层灰泥，而且它被用作上海第二照明灯具厂的办公楼和工厂。在上海外滩历史建筑的振兴工程中得以重建的新天安堂又重新成了一个颇受欢迎的公众聚会、举办展览和婚庆的场所。

马尔济先生

马尔济先生（Arthur William March，1883—1976 年）1905 年来华，在杭州育英书院教授科学和生物学课程。当时白蚁在整个亚洲都造成了严重的危害，而他成了研究白蚁的一个学术权威。他将课程结合实际，指导农民们养了一群水牛，因为水牛奶的营养价值很高。1910 年，他与贝丝·赫利奥特结婚，并且养育了 5 个孩子。1942 年，他全家被遣返到了克瑞普斯霍姆，但是他很快又回到了中国，并且继续教书，一直到他退休为止。鉴于他在中国和印度做出的贡献，1950 年，美国的长老会海外传教部对他进行了嘉奖，马尔济获得了一项杰出生平贡献奖。

"午饭以后，父亲和马尔济先生带我们出门，前去参观位于城市另一头的一所学校。我们想在前一段路程坐黄包车，后一段路程步行，因为那儿的街道坑坑洼洼，黄包车不太好走。我们坐车刚走出一段路，车夫就提到了价钱的问题，我们发现这个车夫出价太高，而且不肯让我们砍价，所以我们便换了几次别的黄包车，最终还是及时赶到了那儿。街道是用大小不规则的鹅卵石铺成的，路面高低不平，坐在车轮没有轮胎的黄包车里颠簸得很厉害。"（接下页）

上海街上载客的黄包车

"我们看到了好儿家售卖焚香和冥钱的店铺。那个学校非常有趣。我们到达那儿的时候，他们正在举办圣日学校的开学仪式，后来我们拿着募捐的盒子去了不同的班级。我们遇到了这所女校的好儿位教师，其中有一位是朱莉娅阿姨的朋友。"（接下页）

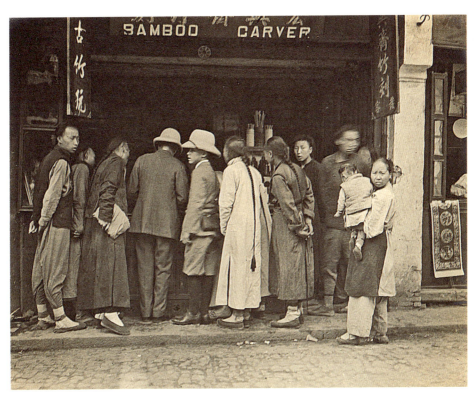

上海的宏兴斋竹刻铺子，以及围在铺子前的顾客和甘博兄弟

清心书院

　　美北长老会传教士范约翰（John Marshall Willoughby Farnham，1830—1917 年）和妻子范玛丽（Mary Jane Farnham）于 1860 年来到中国，创办了上海的第一座长老会教堂，即清心教堂。这个教堂收容过因太平天国起义而造成的难民孤儿，并在大南门外的陆家滨建立了供那些孤儿们上学的清心男塾（Lowrie Institute），范约翰亲自担任该学校校长达 24

年之久。就在附近，范玛丽于1861年创办了清心女塾。这两所学校成了上海当时最好的学校。范约翰编纂了中国最早的中文基督教赞美诗集，而且还创办了《中西教会报》（*Chinese Christian Review*），并担任该报的编辑。

清心书院的原址现在已经被上海市市南中学占据。上海市第八中学所在地就是范玛丽创建于1861年的清心女塾的原址。

朱莉娅（1858—1943年）是玛丽·甘博最小的妹妹。自从戴维和玛丽·甘博于1909年搬进了帕萨迪纳的甘博府邸之后，朱莉娅就一直跟他们住在一起，直至她于1943年去世。

"父亲应邀在闭幕式上讲话，并被介绍是象牙香皂的制造商。他讲得还算可以，但是听起来远不如他在辛辛那提市的演讲那么精彩。

"我们跟圣日学校校长一起离开清心女塾后，又去参观了他的男孤儿院。在这儿我们看到了那些孤儿们为了维持生计而制作的藤椅，还参观了他们睡觉的宿舍，他们两个人睡一张床，有人还睡在地上。

"女人不可以被人看见跟一个男人在街上走。箱子是用猪皮做的。街上的大多数房子在建造时都没有用钉子。"（克莱伦斯·甘博）

戴维·甘博是宝洁公司联合创办人詹姆斯·甘博的儿子。1890年宝洁公司合并成大公司时，他担任公司的财务主管和秘书。宝洁公司总部位于俄亥俄州的辛辛那提市，戴维·甘博对肥皂的制作工艺了如指掌，对象牙香皂的制作工艺尤其精通。在宝洁公司的工厂里，戴维在他哥哥詹姆斯·诺里斯·甘博手下工作，后者发明了象牙香皂的配方。1879年，这两兄弟一起注视着第一块象牙香皂样本的生产全过程，并且一起确认"它成功了"！

上海，1908年5月11日，星期一

"母亲跟她在轮船上认识的一个朋友去购物了，而男人们都去照料那条准备沿运河往上开的住家船和去买日用品了。我们买了些冲洗照片的必需品、食物、铺盖、绸伞、三顶蒲草帽——或称环游世界者头盔——帽子很轻，尽管几乎厚达一寸，而且帽檐很宽。"（接下页）

戴着蒲草帽的克莱伦斯·甘博正在记日记

戴着蒲草帽的西德尼·甘博正拿着相机在拍照

蒲草帽 蒲草帽，又称环球世界者头盔、遮阳头盔、狩猎远征头盔，是一种分量很轻的帽子（正如克莱伦斯所说，"帽子很轻……而且帽檐很宽"），原本是用蒲草制作，这是生长在印度沼泽地里的一种植物。

这种头盔可能模仿了宽边菲律宾帽的式样。这种帽子最早出名是在19世纪40年代，当时英军正在围剿印度的锡克人。到了19世纪70年代，这种帽子就变得很普通了，因为欧洲人征服了亚洲的很多地区，而这种帽子被作为标准的装备发给不习惯热带气候的英国、荷兰、比利时、德国、法国和美国等国军队的官兵们。与此同时，它也成了19世纪探险家和20世纪前后环游世界者来亚洲时的标准装备。

几十年来，这种帽子发展出许多种式样，影响到了非热带地区的帽子式样，例如德国的尖帽盔、英国的国防军头盔和维多利亚时代的警察头盔。虽然帽子不再用蒲草制作，但是这种式样的帽子仍然出现在军队的盛典仪式中，而21世纪的宪兵和徒步旅行者都会戴简约式样的这种帽子。

"我们后来离开了。假如早一点离开的话，也许就碰不上那位来看我的混血男孩容贵了。我是在'满洲号'远洋客轮上遇到他和他母亲的。他似乎对在这儿所看到的一切都感到新奇，因为这是他首次来华。

"下午四点，我们沿着苏州河走了一段路，然后上了我们的"阳光号"住家船，其甲板大约有12英尺长。"（接下页）

特写镜头：克莱伦斯、华人向导、戴维和玛丽·甘博在苏州河的"阳光号"住家船上

停泊在上海苏州河上的"阳光号"住家船

　　容　贵（Burnham Yung Kui，1897—1979年）是容揆（1861—1943年）七个孩子中的长子。容揆出生于广州，12岁时成为清末由清政府自1872年起派遣留学美国的120名幼童之一。他没有像其他幼童那样中途被迫返回中国，而是选择了留在美国。从耶鲁大学毕业后，容揆娶了玛丽·伊丽莎白·伯纳姆为妻，他曾经在位于华盛顿市的中国驻美公使馆的许多岗位上工作过，并且被视为是一个不可或缺的翻译和中国通。

　　"我们的舱房——船上只有一个舱房——长15英尺，宽12英尺，放有三张床，一张双人床，两张单人床。在舱房的后面有一条狭窄的通道通往厕所和食品室；从那儿还有另一条狭窄通道通往厨房，以及掌舵的后甲板，后甲板的下面是仆人们的舱房。

　　"仆人告知，我们的铺盖（四个床单和四条毯子）只够两张床用。但我们利用船上所能找到的仅有的三床被子凑合着用。

"我们用篙撑船，往上游走，以便能与拖船队并排走，马尔济在拖船上已经准备睡觉了。假如船舱里有一点过堂风（实际上风很大），油灯就会冒很大的黑烟。西德尼和我不得不挤在船上一张所谓的'双人床'上，要是在别处，它可能连个单人床都算不上。醒来的时候，外面已经阳光灿烂，这预示着今天又是一个拍照的好天气。"（克莱伦斯·甘博）

马尔济先生在上海苏州河的住家船上

住家船

专供出租的住家船很受欢迎，船上通常有两三个舱间。这些专门出租给旅客的住家船，在其最大的舱间里，通常会"在两侧放置豪华的靠椅"。不清楚甘博一家是否租了一艘这样的住家船。

京杭大运河

京杭大运河 克莱伦斯在5月11日那篇日记中所提及的"往上游走"指的是甘博一家沿着大运河从上海西南部到杭州的100英里航行路程。大运河的历史可以上溯到公元前5世纪,大运河中最古老的一段据说当时就已经建成了。

这条大运河是在许多个世纪里分段建成的,其中最早的那一段可能早在公元前5世纪就已经建成。京杭大运河首次将杭州跟北京连接在一起是在隋代(581—618年)的609年。那一次是分两段开挖的,其中第一段是由500万农民于605年完成的。无论修建大运河对于个体的农民造成了多大的伤害,它给中国政府带来的好处都是难以估计的。南北走向的京杭大运河把生产谷物的南方及漕粮供应与北方的长城和军事行动连接在了一起,以保证中国的北部边疆能抵御南下的游牧部落。此外,沿着大运河修建的驿道还支撑着全国的邮政和快递服务。

在明朝(1368—1644年)的1411年至1415年,大运河全程重建,对河道进行了疏通,对河堤则进行了加固,还修建了把船送往地势更高的山东境内的水闸(拦河闸的发明就被归属于10世纪的中国工匠)。

大运河所提供的交通运输使中国政府对于不断增加的人口实行中央集权的控制,并且使各种贸易都变得更加便利,而且还促进了艺术、文化和教育的发展。

在清代(1644—1911年)晚期,由于黄河在1855年改道和冲毁了大运河的河道,京杭大运河被切割成了两个部分。但正如甘博一家人的旅行所显示的那样,大运河的南段仍然可以航行。2014年,京杭大运河入选联合国教科文组织的《世界遗产名录》。京杭大运河的全程贯通正在逐渐地恢复,而大运河的很多河段都成了广受欢迎的旅游景点。

京杭大运河杭州段的一个翻坝

大运河杭州段，1908 年 5 月 12 日，星期二

"我们的船左右各有三条船。我尽快地穿上衣服，来到了甲板上。"

大运河上张帆的平底帆船

"我们正在经过一个城镇，我们的船经过了顶部有翘角的牌坊。"（接第 58 页）

大运河上的码头杂货铺

大运河岸边的牌坊

"就在我写日记的时候，我们的船经过了紧挨在一起的三座宝塔。所以我不得不停下来，拍一张照片。"（接第60页）

———

大运河岸边的牌坊

———

———

大运河岸边的牌坊

———

大运河嘉兴段的三塔

嘉兴三塔建于唐代（619—907 年），据说是为镇压大运河中的恶龙。但是这三座塔后来倒塌了。1876 年对三塔进行了重建。甘博一家在上面这张照片中所见到的塔在"文化大革命"中被夷为平地。1971 年，在这些塔的原址上建造了一座水泥厂。1999 年这三座塔得以重建，所以我们在 21 世纪还能见到它们。

大运河上的
石拱桥

　　"拍完照片之后，我们的船拐了一个急转弯，接着船就来到了一座高大的，几乎是半圆形的拱桥下面。"
（接第 67 页）

大运河嘉兴
段的一座水
中凉亭

凉亭

　　1908 年的这座凉亭坐落在嘉兴附近的大运河中央。很久以前它就消失了，也查不到有关这座凉亭的任何文字资料。但由于它被建造在运河的中央，它极有可能具有祭祀水神，以保护船民、旅客或商人的功能。

大运河上一艘有双桅杆的平底帆船

大运河河岸城墙边上的水牛和牛倌

缸　本图
是下面大照片
中排列在窑房
前面那些缸的
特写镜头。

大运河边一个
制缸的窑房

大运河边一个门前竖有旗杆的宅院

照片中那个宅院前竖着的那些木头杆子的构造表明，它们很可能是旗杆。这个宅院也许属于某位高官或刚刚通过科举考试并获得功名的进士，只有这样的人家才能够竖旗杆，借以炫耀门庭。旗杆上还有放祭天食品的网，这些祭品往往引来一群群的乌鸦。

大运河上一座跨越运河的桥梁

运河左岸桥下一排竖起的木桩是为了防止船在浅水处搁浅。

"我们正在经过各种各样的船，有带着一个孩子的一
男一女在船的两头，或在船的尾部摇橹的小船。接着又是
一条条小住家船，甚至还称不上是住家船。这些船都是靠
摇橹来驱动的，尽管偶尔是靠拖船来拖的。"（接第 70 页）

大运河上的
一艘客船

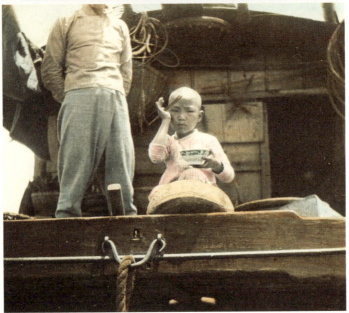

大运河上装载篮筐的一艘货船

"'快看那边那个人！'有人大声喊道。果然，那是个我们所见过最滑稽的人。他躺在船的尾部，手里拿着一支划桨当舵用，双脚却在踩着另一支摇桨。"（接第72页）

大运河上的
乌篷船

乌篷船

　　用脚踩桨的乌篷船原出自绍兴，但是在杭州及其周边地区也很常见。用比手臂力量更强的腿来蹬桨，使船夫能更加轻松地增加乌篷船的动力。而船夫手里拿着的桨则主要是用来当舵。

大运河上的漕运船

大运河上的漕运船

漕运船

　　大运河上的漕运船有 2~3 根桅杆，船上有能过夜的生活区，船上有 2~4 名船夫，还配有全套装货和卸货的工具。只需办一个商业执照，漕运船就可以在杭州及其周边地区行驶了。

"还有可以由一两个纤夫拖着走的小型货船或住家船，人们在船的中部立一根竹竿，而纤绳的一端就绑在竹竿的顶部。"（接第 77 页）

大运河上的一艘
住家船

大运河上的一艘
小型货船

大运河杭州
段的一条住
家船

住家船

　　带有竹篷的住家船在杭州地区极为常见。竹篷被用来保护货物和船夫的家庭成员。克莱伦斯在第 72 页称这些船为"由一两个纤夫拖着走的小型货船或住家船，人们在船的中部立一根竹竿，而纤绳的一端就绑在竹竿的顶部"。

大运河杭州段的一条货运平底帆船

大运河杭州段的码头和岸边商铺

扫码领取
海量资讯

大运河杭州段的
一座石拱桥和附
近的电报线杆

电报线杆

石拱桥两头的电报线杆是沿着大运河铺设的，它们为
沪杭之间提供了电报服务。

"在驳船及其后面拖着的五条船上都各有一人在掌舵。运河上最大的那些船都是运煤的大驳船，后者是由四位纤夫在岸上拖着，还有一名船夫在船尾摇橹。前面是另一座桥，还有一片开阔地，所以我们有可能会超过前面那一长串由拖船拖着的货船。"（接下页）

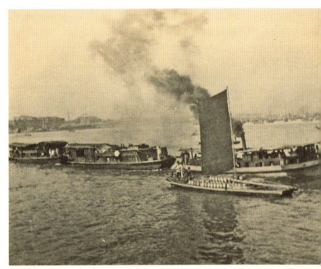

大运河上的驳船和货运船队

货运船队

在沪杭和苏杭之间航行的客船和货船大多是用装有蒸汽机的驳船来拖行的，因为这样可以加快船的航行速度。

"装有蒸汽机的驳船在这儿似乎是一个新鲜玩意儿，因为我们看到桥上站着一群人，在俯视着我们。"（接第80页）

大运河杭州段石拱桥上的行人

大运河杭州段岸上的桑树、水牛和放牛娃特写

杭州大运河两岸的桑树是一个明显的标志，即甘博一家人已经到达了杭州的郊区，因为那儿重要的养蚕业全都依赖这些桑树提供桑叶来养蚕。1908 年的杭州街道上挤满了人。杭州不仅是京杭大运河的终点，而且城里运河纵横，生意兴隆，丝绸、扇子、茶叶、大米和杭嘉湖平原的各种食品全都汇聚在这儿进行贸易。甘博一家来杭州时坐的船刚刚经过了杭嘉湖平原。钱塘江位于城市的南面，美丽的西湖就在西城墙的外面。城里城外的众多寺庙显示出古老的佛教艺术，并引来成千上万的香客，尤其是在节日期间，另外还有钱庄老板、农民、政府官员、社会精英、文人等富人和穷人。

大运河杭州段一个骑在水牛背上的放牛娃

"就这样我们安全抵达了杭州。当我们正准备从跳板上扶着船夫用竹竿拉起来的扶手上岸时，马尔济叫来了几顶轿子。

"杭州街上挤满了人。轿子是我见过的最奇怪的运输工具，人们用两根竹竿挑着一个方形的小箱子。箱子的高度刚够让一个人坐进去。人坐在里面起伏不定的，感觉自己在两个轿夫之间晃过来，又晃过去。那两个轿夫一抬起轿子就往前冲，那密集的人群很快就让出了一条路。

"我简直无法用语言来描述坐轿子的经历。轿子行里灯光昏暗，轿夫们密密麻麻地坐在一起。坐进轿子之后，突然一颠一颠地晃得厉害，原来是一个替补轿夫接过轿子，替我的一位轿夫抬了一会儿。我坐的那顶轿子空间狭小，行人从轿子外面经过，还有狗，街上的一切都是那么新奇和令人不知所措。"（克莱伦斯·甘博）

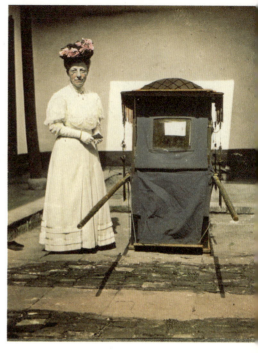

玛丽·甘博站在杭州的一顶轿子旁边

杭州很久以来都被认为是中国最美丽的城市，并且经常被称作"人间天堂"。它具有跟中国一样古老的文化史和贸易史。作为吴越国（907—978年）的都城，它成了一个伟大的佛教中心，有着雄伟壮丽的佛教建筑和神圣的佛教艺术品。在隋代（581—618年）时，杭州便成了京杭大运河的最南端，这奠定了它后来成为重要贸易城市的基础。在南宋时期（1127—1279年），杭州进入了它的鼎盛期，并成了当时（也许是世界上）最大的城市。在这个生机勃勃的商业城市里涌现出了一些最伟大的古典诗人和艺术家，与此同时，它还是全中国的一个重要政治中心。

杭州，1908 年 5 月 13 日，星期三

"我们在王令赓的家里停留了一阵子，以便与陪我们同行的人会合。在去闸口的半路上，我们在一个古老寺庙外停下来休息，对面小山上有一个古老的七层（原文如此）砖塔。它目前已成废墟，但看上去很美。" （接第 90 页）

戴维·甘博站在杭州的一顶轿子旁

杭州雷峰塔前面的轿椅

王令赓的家　王令赓牧师（Rev. Elmer Lincoln Mattox，1869—1963 年）和妻子埃玛（Emma King Mattox，1866—1939 年）于 1892 年新婚后来到杭州，在拥有 40 名学生的教会学校育英义塾担任教职。在其任教期间，他们目睹育英义塾发展为育英书院和之江大学堂。该校的许多毕业生曾在中国最重要的企业和政府部门担任要职。在华服务的 40 年中，王令赓牧师先后担任过育英义塾、育英书院和之江大学堂的校长，广受拥戴，成绩卓著。他还担任过求是书院和浙江高等学堂的正教习，为创建未来的浙江大学做出了贡献。王令赓的夫人也同样受人爱戴。有一位中国小姑娘在被问及天堂是什么样子时，这样回复道："就像王令赓师母的家。"

杭州雷峰塔

雷峰塔

甘博一家在 1908 年所见的雷峰塔始建于 975 年，它是吴越国国王钱弘俶下令建造的，以庆祝王妃生下了他的儿子。这座宝塔原先是一个用砖和木板建造起来的八角形五层楼建筑。据传它的塔砖具有治病的疗效，塔基部分浸泡过塔砖的水只要喝一口，就可治愈百病。年复一年，求医治病的民众蜂拥而来，使塔基部分的砖块不断流失，危及塔身的安全。1924 年，雷峰塔终于倒塌。2002 年，在雷峰塔的原址上建成一座式样非常现代化的雷峰塔——这是一座体积巨大，拥有空调设备、电梯、升降机、玻璃窗墙和通常那种纪念品商店的建筑。

杭州净慈
寺的大雄
宝殿

杭州净慈寺天王殿里的守护神韦陀

杭州净慈寺院子的一个边门

净慈寺

雷峰塔对面的净慈寺始建于吴越国时期的 954 年。这个寺庙曾经多次被毁和重建。现存的净慈寺是在 20 世纪 80 年代重建的。跟坐落在西湖西北部的灵隐寺一样，净慈寺是杭州最著名的寺庙之一，它也是"西湖十景"之一，被称作"南屏晚钟"。据说它的钟声可以传到十里之外。

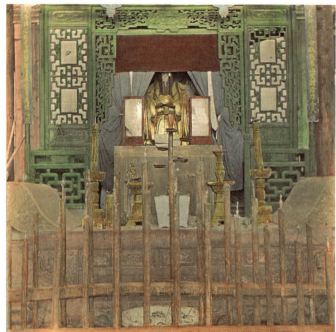

净慈寺附近寺庙
中的一座神龛

净慈寺附近寺庙
中的土地神

信女像

左边那张照片里是一个已故信女的塑像，她的家人出资造了这个塑像。右边的照片是这个塑像中部的一个特写镜头。在信女的双手中间可以看到一个佛头，表示佛祖已经进入了她的心。

当地的寺庙和土地神

1908 年甘博兄弟来净慈寺时，净慈寺附近另外还有许多小寺庙。本页和前一页的照片显然都是甘博兄弟在那些不那么知名和敬奉土地神的寺庙里拍摄的。

棺材和停棺屋

费佩德雇了六顶轿子，抬着甘博一家和其他人去参观未来之江学堂的校址。这行人在穿越乡间小道时看到了郊外的停棺屋和露天停放的棺材。按照中国的传统习俗，人死之后，棺材要在地面停放一两年以上才能下葬。这样，在乡间就经常能看见停棺屋和露天停放的棺材。

净慈寺附近某寺院庭院里的大香炉

杭州郊区的一个停棺屋

杭州露天停放的两个棺材

　　在去之江学堂校址的路上，整个轿子队伍在一座农舍旁停下来休息。上图是下面这张照片的一个特写镜头，呈现了正在休息的轿夫和轿子，轿子停放在农舍前面。

那六顶轿椅的特写镜头

杭州郊区，1908 年 5 月 13 日，星期三

"在我们参观的之江学堂校址，孩子们在沙滩上玩得兴高采烈，就连身上的衣服都被弄湿和弄脏了。喝过茶以后，主人送给了费佩德先生一只茶杯，只要往这个茶杯里倒开水，三年之内那杯子里的开水都会有茶香味。三年以后，只要在这个杯子里再泡一次茶，那余香还能再保存三年。"（克莱伦斯·甘博）

杭州的
六和塔

　　之江学堂坐落在钱塘江边。费佩德带甘博一家去参观新校址的那六顶轿子就停放在上图中那个六和塔的西面。本页上图是那六顶轿子的特写镜头。六和塔始建于 970 年，1121 年因战争被毁，1165 年首次得以重建。从那以后，又经历了多次重建，塔内陡峭的螺旋式楼梯、天花板上的图案和一些浮雕可以追溯到清代（1644—1912 年）。从六和塔上的窗户中可以看到钱塘江的壮丽景观。

杭州的
钱塘江

钱江潮 钱塘江以世界上最大潮汐的所在地著称，这儿的潮水可高达9米多或30英尺。许多关于钱江潮的传说都跟龙有关。由于银龙（或乌龙）肆虐，引起潮水猛涨，所以人们建造了六和塔来镇住潮水。然而精心构筑的海塘在保护农田和人民财产这方面似乎要比六和塔做得更为成功。

钱塘江 北源为可上溯到在安徽省境内并流经江西省的新安江，在浙江富阳段称富春江。这条横穿浙江省，全长376英里（605千米）的钱塘江最终把江水倾泻在中国的东海之中。由于钱塘江与京杭大运河相连，所以许多世纪以来，它都是把海运和远至北京的中国内陆连接起来的一个重要的贸易和交通枢纽。

杭州钱塘江
上的船只

钱塘江边的停棺屋和坟墓

钱塘江边的住家船

钱塘江上的一条农家船

钱塘江上的一艘货船

杭州，1908 年 5 月 14 日，星期四

"今天早上，我们去商业区逛了一圈，在那些小店铺里停下来，观赏那儿的商品。杭州的有些工业品很有趣。据说有 5 万名工匠（即每 20 个杭州人里就有一个人）在做锡箔纸，后者主要是用来制作烧给死人用的冥钱。"（接第 100 页）

杭州的一条街道

冥钱

纸钱或冥钱，又称鬼钱，最早是用来在中国的葬礼上或祭祖时焚烧的，以便在地下的故人可以拿去在冥间使用。传统的冥钱是用廉价的竹纸或草纸制作的，在纸的中间粘了一小块方锡箔。为死人烧纸钱是亚洲一个古老的传统习俗。卖冥钱的商铺还同时销售纸制的各种冥器，用途与冥币相同。这个传统在中国一直延续到 21 世纪。

购物街

费珍妮在其回忆录中这样描述杭州的购物街：

"杭州城里有两条长街，有三辆马车那么宽，街道两旁都是店铺，飘散着餐馆和茶号的香味。街上挤满了前来购物的人和挑着食担的小贩、剃头匠、马车、肮脏的狗、黄包车、沾满了污泥的独轮车，人们在购买东西时全程都要讨价还价。所有的人和物都紧紧地挤在了一块儿，刺耳的聒噪声从老远的地方就可以听见。"

跟费珍妮一样，克莱伦斯在到达杭州后也注意到了拥挤的人群，他在5月12日的日记中写道："杭州街上挤满了人。"他也注意到这些人都在做买卖——蚕宝宝、蚕丝、绸缎；来自附近茶园的茶叶，据称这是中国最好的茶叶；还有中国最好的扇子、最好的剪刀、最好的火腿——所有这些费珍妮描述过的，在御街能买到的东西，克莱伦斯都发现了。

御街上的这些店铺已经存在好几百年了。方回春堂药店是在顺治六年，即1649年创办的；叶中德堂药店成立于嘉庆十三年（1808年）；较晚的胡庆余堂药店是由一个精明能干的商人、成功的钱庄老板胡光墉（1823—1885年）于1878年创立的，他后来兼并了几个小药店。茶馆、餐馆、书铺、杂货店和众多的寺庙吸引着香客和乞丐们。还有算命和婚礼行列——所有世俗和宗教的事物在1908年的杭州御街上你都能看到。

杭州的一条商业街

养蚕业

　　在杭州附近出土了 4700 年以前的丝
带，因此杭州被认为是中国丝绸工业的摇
篮。许多世纪以来，只有妇女才被允许养
蚕，但是只有皇帝和皇亲国戚们才有资格
穿用丝绸做的衣服。虽然这两个现象如今
都已经被改变，但是杭州作为丝绸的生产
和贸易中心的地位没有改变。

蚕宝宝

杭州运送茶叶的篮筐

茶叶也许是用这些硕大的篮筐来进行运输的。杭州郊区的山上到处都是茶园，杭州的龙井茶历来被认为是中国质量最好的绿茶。

翁隆顺茶号坐落在御街上，是杭州最大的一家茶叶店铺。

098

杭州一个蹲坐着洗衣服的妇女

"还有一种发展很缓慢的工业是把木头锯成木板。毫无疑问，你们都看到过这样的照片。西德尼和我各买了一根水烟杆。这些烟杆做工精致，而且很能省钱，因为把烟杆里的烟叶烧完要花很长的时间。它们被称作水烟杆，是因为烟必须要经过水的过滤，才能够到达抽烟人的嘴里。"（接第 103 页）

杭州的两个木匠在手工锯木板

木排

在 19 世纪和 1908 年的杭州，木材是杭州经济生活中的一个重要部分。大量木材在水面成排。

杭州的一个五口之家

杭州一位拿伞的女人

"我们参观了杭州的清真寺，据说它已经有 1500 年（原文如此）的历史了。"
（接第 108 页）

本地人在杭州的一条街道上围观洋人

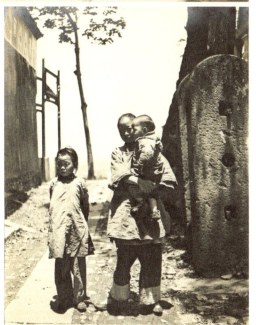

清真寺 甘博一家于 1908 年参观过的清真寺过去是，现在仍然是位于商业区最热闹的御街上的清真寺。

杭州购物街上的一个三口之家

杭州一个食
铺前的人们

清真寺

又称凤凰寺，因为早先重建时，其形状就像是一只凤凰。它还被称为礼拜寺或真教寺。这个地方据说曾经是那位经常用骆驼奶洗澡的香妃最喜欢的地方。作为清朝第四位皇帝，即乾隆皇帝（1711—1799年）的宠妃，她有钱能这么做。

1908年，甘博一家在参观杭州清真寺的时候肯定见过该清真寺的礼拜大堂，这个砖砌的大堂始建于1281年，即1276年元代建立5年之后；还有建于明代的望月台，后者在20世纪20年代被狂热的城市设计者拆毁。在老照片的帮助下，杭州市政府于2009年又重建了望月台。

穆斯林在中国早就存在。阿拉伯商人沿着海上丝绸之路来到中国，他们还专门来到了杭州这个繁华的商贸中心。在唐代（618—907年）的618—626年，凤凰寺的原址上就曾建过一个清真寺，但是它被毁于宋代（960—1279年）。在1276年元朝取代宋朝之后，杭州成了穆斯林社区的中心，这要归功于蒙古人的首领巴戎那彦（Bayan Noyan），后者在这个新占领的城市里建立了一个统治机构。那彦的一个儿子娶了一位波斯女子作为妻子，于是宋朝政府垮台后所留下的真空便很快由那彦认识的一些波斯人和其他能人，以及他的一些亲密伙伴填补，他们组成了一个重要的、有效率的和宽容的城市管理机构，其成员包括一些经纶满腹、才华横溢的穆斯林，这些穆斯林在此建立了强大的穆斯林社区。

清真寺的重修是在明代（1368—1644 年）的 1451—1493 年进行的。如今我们所见到的凤凰寺建筑群规划雏形就是在那时定下来的。清真寺的重建工作在清代仍在进行。在 21 世纪的今天，杭州凤凰寺仍然是一个很受穆斯林和旅游者欢迎的景点。

手拿扁担和绳索的挑夫们

105

杭州街巷里的一群儿童和狗

站在毛竹站椅里的一个杭州儿童。这种站椅在 21 世纪的今天仍能买到。

西方儿童与杭州的孩子们在一起

杭州一群坐在街边的孩子

"我们遇到了司徒尔夫人两个当传教士的儿子，并且跟他们聊了很长时间。接着，我们去看那些已经集合起来的贞才女校的学生们。她们为我们演唱了一些歌曲。母亲应邀为她们做了演讲，对于母亲来说，这确实是一种特别的褒奖。贞才女校校长司徒尔夫人觉得我们这些男人可能对这个演讲不感兴趣，所以请我们回到了客厅。也许那些老派的贵格会教徒认为，男人们不应该偷听女人在集会上的演说。我们参观了由女学生们亲手制作并准备拿出去销售的一些刺绣作品和其他的女红产品。这些就不用我多说了。母亲演讲完毕之后，还有一个由传教士们参加的祈祷会。"（克莱伦斯·甘博）

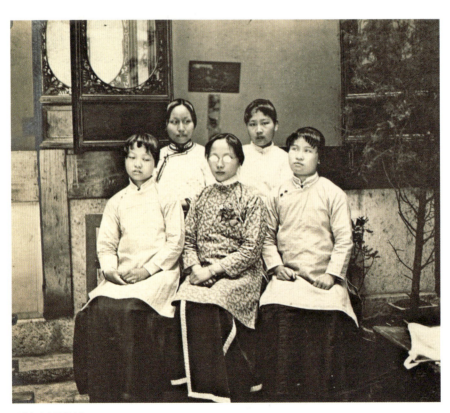

司徒尔夫人的学生们

司徒尔夫人的传教士儿子们

她的这两个传教士儿子分别是后来成为北京燕京大学校长、中华人民共和国成立之前最后一任美国驻华大使的司徒雷登（John Leighton Stuart，1876—1962年），以及曾经担任了六年之江学院校长的司徒华林（Warren Horton Stuart，1879—?）。

他们分别是司徒尔（John Linton Stuart，1840—1913年）牧师的大儿子和三儿子，都是在杭州出生的，但都在十几岁时被送回美国接受教育。司徒雷登于1904年作为传教士回到了杭州，司徒华林是1907年才回来的。1909年，司徒雷登即将赴南京接受金陵神学院的一个教职，而司徒华林仍留在杭州。克莱伦斯和西德尼·甘博正好是在司徒雷登和司徒华林都在杭州的那个短暂时期遇到了司徒兄弟俩。

司徒雷登和司徒华林跟他们作为长老会牧师的父亲司徒尔一样，都服务于中国也热爱中国。司徒尔于1868年来到了被太平军烧杀抢掠后的杭州。5年之后，他因健康受损回美国休假。在美国，他遇到了来自亚拉巴马州莫比尔的玛丽·路易莎·霍顿（1842—1925年），后者在其家乡创办了一所女校，其办学理念十分先进，课程中甚至还包括了女子体育。

司徒尔牧师1874年与玛丽·霍顿结婚后回到了杭州。他们把其后的39年人生都贡献给了杭州，帮助美南长老会在杭州最贫穷的地区建立了一座教堂、一所学校和一个欢迎所有新来者的传教使团驻地。他们俩都办了学校，司徒尔夫人帮助建立的贞才女校是中国第二所教会女校和第一所设置了体育课程的教会女校，后来它与杭州其他两所女校合并，成了杭州弘道女中的一部分。

司徒尔牧师在其一生中曾经目睹了一些零散的基督徒们创办由中国牧师主持的自立教堂的过程。他还见证了一个很小的教会男校最终发展成了拥有近千名学生的之江大学，而且它的毕业生都在政府和各个行业都占据了重要的位置。司徒尔牧师以谦卑著称，无论是中国人还是外国人都喜欢找他，因为他富有智慧和正义感。他在社区中被尊称为"司徒尔前辈"。

司徒尔夫妇有5个孩子，其中有两个一生下来就夭折了，二儿子司徒大卫（出生于1878年）在他作为一名传教医师的职业生涯刚开始不久就死于一次事故。

当司徒尔于1913年去世时，在南京的司徒尔夫人住在大儿子司徒雷登的家里。她被人尊称为"司徒师母"，这一称呼是对她慈悲人生的高度认可。

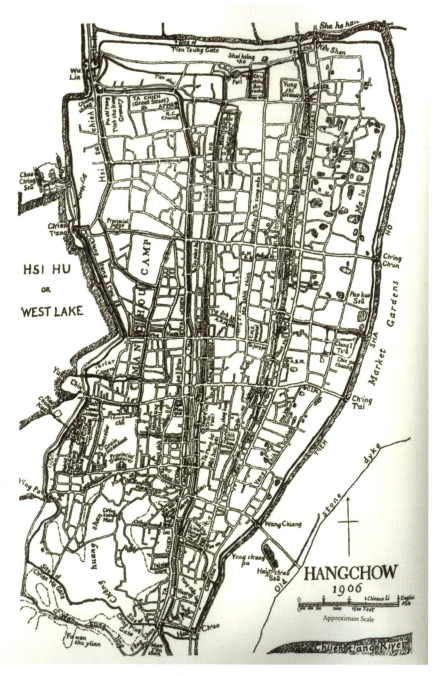

杭州城市地图（1906 年）

杭州旗下的城内运河及桥梁

上面这张照片中的石桥在杭州城内较小的运河上颇为典型。杭州城里运河纵横，它们都跟两条主要的运河相连接，后者就是南北走向的中河和东河。美丽的东河上直至今日仍行驶着客船，为杭州居民和外来游客们带来了欢乐。

上面那张照片中的两个特写镜头

杭州城内运河岸边的商铺

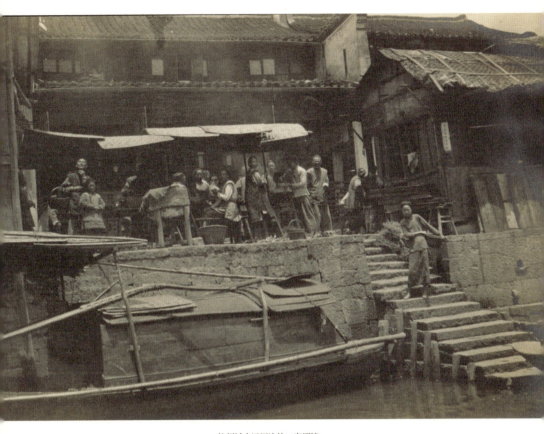

杭州城内运河边的一家酒馆

杭州城内运河

杭州城内运河的一个码头

杭州城内运
河的一座石
桥及其水中
倒影

杭州城内运河

　　前 5 页和后 3 页的这些杭州城内运河的照片几乎可以
肯定是在杭州靠近西湖的旗下拍摄的，那儿算是富人区。
在杭州城里，最贫穷的区域是靠近东城墙的地方。东河的
水质污浊，环境肮脏，而且到处都是人、动物和垃圾。就
连较为富裕的居民区，那儿的运河也都是死水，而且就如
费珍妮所描述的那样，河里还有许多打盹的水牛。只有旗
下的运河是活水，水质清澈，有许多美丽如画的石桥，岸
上则有树木和灌木丛。

杭州城内运河上的石桥和岸边的牌坊

杭州旗下的城内运河

杭州城内运河上的石桥和店铺

费佩德牧师全家合影（1908 年）

后排从左到右：费佩德夫人（Isa Kloss Fitch）、费佩德牧师（Rev. Robert Fitch）

前排的孩子们（从左到右）：玛吉（Margie，9 岁）、埃利奥特（Elliot，7 岁）、姬蒂（Kitty，5 岁）

最小的孩子费珍妮（Janet Fitch）是 1909 年才出生的。

玛吉站在一顶轿子旁

杭州，1908 年 5 月 15 日，星期五

"我们在第一时间就把胶卷冲洗出来了，而且我们做得很成功。我们用了费佩德先生的显影和定影液，以及我们自己的。

"我们跟着厨师去买东西，然后跟着他到来罗懿家吃了午饭。饭后我们参观了来罗懿创办的那个学校，正如费佩德先生所说，'来罗懿小姐在学校试图用 6 便士的钱来办 1 先令的事'。"（接下页）

杭州育才女校来罗懿小姐的学生们

来罗懿（Lois Debora Lyon， 1878—1970 年）是其传教士父母来恩赐（David Nelson Lyon）夫妇的七个孩子之一。来罗懿小姐虽然出生在杭州，却是在美国俄亥俄州的伍斯特长大、接受教育和当上教师的。她于 1903 年作为美北长老会的女传教士回到了杭州，并在杭州创办了自己的学校。她的办校过程肯定困难重重，因为费佩德先生说，"来罗懿小姐在学校试图用 6 便士的钱来办 1 先令的事"。在做了 34 年传教士之后，她终于辞职退休回美国。她于 1944 年跟已经丧妻的王令赓在美国结婚。

"从那儿我们穿过街道，去了育英书院。那儿的校舍非常简陋，但比那个女校稍微好一点。相对于学生人数来说，那儿的校园实在是太小了。"（接第 125 页）

杭州育英书院欢送甘博一家回美国的毕业班学生们

杭州育英书院毕业班的学生们在清泰门内接受检阅

育英书院

杭州育英书院的历史可以追溯到美北长老会1845年在宁波创办的一个男子寄宿学校。1867年，这个名为崇信义塾的学校搬到了杭州，改名为育英义塾。1897年，学校开设了学院的课程，因而成了美北长老会下属的育英书院。

1906年，费佩德从宁波调到了杭州。他原本在宁波担任一所男子工读学校的校长，被调到杭州后不久，他就去了美国，以便为美北长老会和美南长老会合办的一个新学堂，即之江学堂，募集必要的

经费。之江学堂后来改名为之江大学。

有费佩德这位积极干练的宣传者和经费募集者，之江学堂终于顺利地开办和发展起来了。虽然在抗日战争期间经历了长途跋涉的多省份迁移磨难，但它最终还是回到了杭州，并且在1948年成了之江大学。1951年以后，它成了浙江大学的一部分。

照片中城门前的白色旗帜上写着"育英书院"等字样和所有毕业班学生的名字。

杭州之江大学

20世纪初建成的杭州之江大学，其美丽的校园建筑和环境使它后来成了全国重点文物保护单位。在21世纪的今天，它被称作浙江大学的之江校区。目前这儿是浙江大学光华法学院所在地。

包括戴维和玛丽·甘博在内的美国长老会的教徒们为建造这些融合了中西建筑特征的漂亮校舍提供了经费：图书馆、大教室、行政楼（慎思堂）、西斋（惠德堂）和东斋（甘卜堂）等主要的校园建筑在1909年就已建成，但直到1911年，育英书院的师生们才搬迁到了新的之江学堂。钟楼是1926年为了纪念一位学生而建造的。

20世纪20年代初，之江大学的师生们一起在由于杭州木材商过度采伐而显得光秃秃的山坡上种植了大量的树木、灌木丛和草地，所以如今的校园已经是树木成荫，郁郁葱葱。西德尼·甘博的"甘卜楼"照片是于1919年他短期停留在杭州时所拍摄的，当时校园里还没有开始植树。

"后来，在王令赓的家里有一个欢迎校友们和学院毕业班学生的招待会。他们被一个个轮流介绍给甘博一家人——甘先生、甘二爷、甘三爷。客人们的头衔被统称为甘贝勒，但学生和校友们只称呼其中的头一个姓氏。

"我很高兴地给他们看我在此前拍摄的日本和夏威夷的照片，那些男学生们似乎听得津津有味。接着父亲应邀讲了一下肥皂的制作过程，听众的反响似乎还不错。

"那天的晚宴是在费佩德家里举行的，这是一桌半中式的宴席：食品和筷子都是中式的，但上菜的方式却是西式的。母亲用筷子吃饭非常熟练。那些菜肴是虾和蘑菇、海参（虽然名称和样子不怎么样，但味道很鲜美）、鸡肉和加香料的甜糯米放在一起做的，最后还有米饭。这些食品味道很好，我很理解为什么人们都喜欢中式菜肴。"（克莱伦斯·甘博）

杭州育英书院校友集体照

Jehol: Plan des kaiserlichen Residenzschlosses und Parkes

杭州西湖地图

杭州的西湖

西湖位于号称"人间天堂"的杭州城西面，正如这儿的一句谚语所说："上有天堂，下有苏杭。"2000 年前，西湖与钱塘江原本是连成一片的。到了秦汉时期（前 221—220 年），由于泥沙堆积和群山环绕，那儿形成了一个潟湖。经过历代不断的疏浚（挖出来的淤泥堆成了湖堤和湖中的小岛）和地方政府积极的修缮和改造，才逐渐形成了如今光彩夺目的美丽风景。当唐代（618—907 年）

著名诗人白居易成为杭州刺史时，西湖这块地方还只是一个干涸的潟湖。白居易率领手下的百姓，在原来已经年久失修的钱塘湖堤的基础上修筑了一条新的拦湖大堤，蓄水成湖。如今的白堤就是以他的姓来命名的。

在五代十国时期（907—960 年），吴越国（907—978 年）积极振兴佛教。除了扩建灵隐寺和创办净慈寺之外，吴越国还在杭州建造了许多新的寺庙、神龛、洞窟和宝塔，包括本书中所提及的保俶塔、六和塔和雷峰塔。西湖成了香客和文人雅士们竞相朝拜的地方。

到了北宋时期（960—1127年），西湖又变得干涸，旱灾再次降临杭州。另一位伟大的诗人苏轼（1037—1101年）成了杭州的知州。他下令招募民工，疏浚西湖，接着又用从湖里挖出来的淤泥修筑了苏堤，并沿着苏堤栽种了杨柳树。湖上泛舟很快就成了一种深受人们喜爱的娱乐方式。在南宋时期（1127—1279年），杭州进入了一个鼎盛时期，变成了整个亚洲的文化、经济和政治中心。西湖也因此而名扬天下，成了人们都喜欢去的地方。

到了元朝（1271—1368年）末年，西湖的大部分景点都落入了私人之手。据说地方当局依靠一支拥有数十万人的民工大军，并花了152天的时间，才将西湖周边的非法用地清理干净，恢复了西湖在宋朝时的模样。

西湖在清朝时期（1644—1911年）仍然是一个重要的地方，康熙和乾隆这两位皇帝经常来访。但是从1909年开始，西湖的命运便发生了戏剧性的逆转。以前从上海到杭州要坐3天船，而沪杭铁路建成后，这段旅程被缩短为5个小时。1912年，辛亥革命的领袖们拆毁了把西湖跟城市隔离开的杭州古老城墙（30英尺厚，33英尺高）。正如当地人所说的那样，西湖"被挪进了城"，杭州开始吸引大量的旅游者。在之后的岁月里，当地政府在西湖周边建造了更多的公园和旅游景点。到了2011年，西湖被联合国教科文组织正式列入《世界遗产名录》。"柳浪闻莺""三潭印月""断桥残雪""双峰插云"等众多西湖周边的美丽的自然和人造景观，证明西湖获得这一殊荣是实至名归的。如今全世界的旅游者都蜂拥而至，特地来欣赏西湖美景。杭州真正成了一个"人间天堂"。

杭州，1908年5月16日，星期六

"坐了一小时的轿子之后，我们换了一条西湖的游船，准备去湖的对面。这个湖是人工扩建的。我使劲地划着桨，不一会儿手掌上就起了两个大水泡。自从上一次在港口划船之后，我已经有好长时间没碰过桨了。"（接第135页）

杭州西湖圣
因寺的牌坊

港口

　　甘博一家常在位于密歇根州密执安湖北端的港口度夏避暑。划船和驾驶帆船是男孩们非常喜欢的运动。

渔民在杭州西湖上用鱼鹰捕鱼

渔民在杭州西湖上用渔网捕鱼

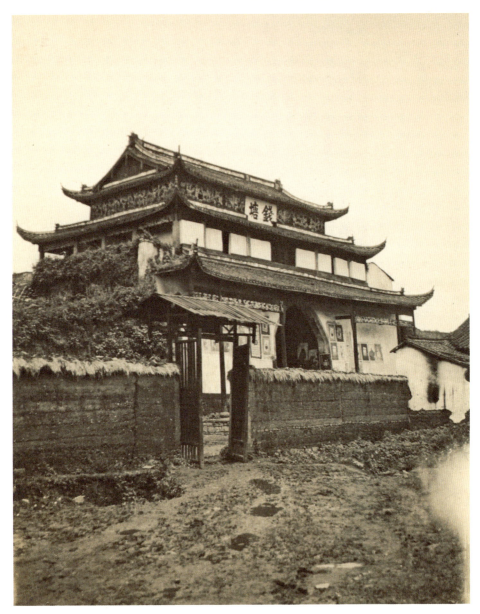

钱塘门是位于西湖边上的杭州西城门之一

杭州孤山,
又称梅屿,几乎
算不上一座山,
却是西湖上唯一
的自然岛屿,有
众多的美丽景观
和历史遗迹。

西湖苏堤上的
一座凉亭

在这张照片的最右边隐约可见雷峰塔的轮廓。

杭州西湖的保俶塔

在上面这张照片的背景中我们可以看见杭州的另一座西城门，即涌金门。

在右边这张西湖照片中可以看到杭州城里灰瓦白墙的民居式样和西湖边的雷峰塔。

杭州西湖

"我们去了灵隐寺，在飞来峰看到了石刻佛像，穿过一个洞窟和桥梁，来到了寺庙内。"（接第 138 页）

杭州灵隐寺的
春淙亭

"穿过一个洞窟"

自从克莱伦斯一家人于 1908 年参观过灵隐寺后，灵隐寺的入口处已经发生了很大的变化。如今人们参观寺庙并不一定要穿过一个洞窟。（参见第 141 页上对灵隐寺入口的描述）

杭州灵隐寺的
理公塔

灵隐寺创建者慧理的遗骸被埋在了理公塔的下面。

杭州灵隐寺的
飞来峰

飞来峰

　　飞来峰位于灵隐寺的前面。传说这座山是借助佛祖的法
力从印度飞到杭州的，所以这座小山岗被称作飞来峰。飞来
峰由石灰岩构成，露出地表的石壁上刻有几百个佛教石窟造
像，其中有许多造像的雕刻日期可追溯到 900 年左右。在飞
来峰的洞窟里和遍布小山岗的神龛里，到处都有石刻造像和
浮雕，来访者沿着崎岖的小路可以看到许多佛像和其他石像，
包括那尊著名的弥勒佛。可惜甘博一家显然没看到弥勒佛像，
也没有拍摄它的照片。

"据说中国人从未见过狮子，所以中国的石狮子像被做成了各种不同的形状。在我们吃午饭的那个房间里，有一张画上的'狮子'看上去就像是一只哈巴狗。

"我还在另一张画上看见一只老虎。这只老虎被认为来自天上，可以夜行 500 里。" （接第 142 页）

竹禅送给贯通大和尚的一幅卷轴画上画有"一只形状像哈巴狗的狮子"

右边这张卷轴画是由以画狮子著称的高僧竹禅（1824—1901 年）创作的。竹禅来自四川一个著名的家族，他 14 岁时就出家当了和尚。寺庙里的长老们很早就发现了他的天赋，并精心地培养他。这张卷轴画是竹禅送给灵隐寺住持贯通（死于 1908 年）的。题在画中左上角的那首诗是这样写的："风动山顶神通力，达摩室中设筵席。老僧挥笔画狮子，百兽闻之尽皱眉。"

送给昔征大和尚的"老虎卷轴画"

左边这张画及两旁的对联是某人送给昔征，以祝贺他于 1908 年升任大和尚的。对联是这样写的："云岭论法松萝慰灵，林间悟雪摘芽为茗。"

杭州灵隐寺的天王殿（1908年）

139

杭州灵隐寺天王殿的一座神龛（1908 年）

杭州灵隐寺

灵隐寺是中国最古老和最重要的佛教禅宗寺庙之一。它坐落于杭州西湖西北面的武林山麓。一位来自印度的僧人慧理于328年创建了这座寺庙。他在武林山神秘而庄严的气氛中领悟到，这儿是建立一个寺庙，以慰藉人类心灵的理想场所。所以他把自己创建的寺庙命名为"灵隐寺"。许多世纪以来，这儿一直是香客们朝拜的对象，并成了西湖香市的核心区。

灵隐寺创建之初，发展颇为缓慢。直到梁武帝萧衍（502—520年）这位"僧侣皇帝"登基，在他的统治和赞助下，佛教兴盛，成了国教，佛教僧侣们也逐渐积累了大量的财富，灵隐寺也发展起来。

在唐代（618—907年）的843年，唐朝军队经过多年战争，终于彻底打败了入侵大唐的回鹘乌介可汗，但自己也元气大伤。唐朝的经济濒临崩溃。唐武宗（814—845年）盯上了那些富得流油的佛教寺庙，后者拥有大量地产，而且还免交田赋。朝廷夺取了那些寺庙所拥有的一切：庙堂被拆毁，土地被没收，金银器都被熔化成了金锭和银锭，僧人们还俗为民，每年都要向朝廷缴纳田赋和农产品。

不久，在吴越国（907—978年）统治下的10世纪，受佛教影响的皇帝又重新掌握了政权。在吴越国的官方扶持下，灵隐寺得以重建，并且扩展到拥有72座大殿、18个亭子和约3000名僧人的庞大规模。

在其后的各个世纪中，灵隐寺历经抢劫、战争、火灾、雷击（有确凿的文字记载）和诏令等破坏，至少被毁和重建了16次。1926年，吴佩孚的军队还放火烧毁了灵隐寺。

令人感到惊奇的是，灵隐寺在"文革"时期没有遭到严重破坏。聪明的僧人在石像上贴了毛主席的照片。一支由当地工人、农民和学生组成的队伍封锁了灵隐寺的大门，以阻止"红卫兵"到寺庙里去，直至周恩来总理谨慎地关闭了寺院，作为一种保护措施。在关于灵隐寺毁坏和重建的历史中，充满了嵌入在中国文学和文化中的传说、秘闻、迷信、轶事和史实。

克莱伦斯在日记中说，人们须穿过"一个洞穴"才能进入寺庙，但如今的情况并不一样。在21世纪的今天，入口处有一个漂亮的大门。不远处就是埋葬灵隐寺创建者慧理的理公塔。在大门的对面，有一堵金黄色的影壁墙，这种金黄色在整个灵隐寺都能够看到。墙上用与金黄色形成对比的黑色琉璃瓦砌了四个大字：咫尺天涯。

在20世纪后期，灵隐寺的建筑得

到扩建，除了那些清代（1644—1912年）的建筑照原样得以重建之外，大部分在建项目到2000年左右基本完成了。在寺院内大约有20座大殿，包括天王殿、大雄宝殿、药师殿、华严殿和拥有500个比真人还大的佛祖信徒塑像的五百罗汉堂。此外，灵隐寺还有一个很大的藏经楼，藏有数百年积蓄起来的丰富的佛教典籍、法器和珍宝。学者们从世界各地来到灵隐寺，对这儿的丰富收藏进行广泛的研究。除了来这儿烧香拜佛的香客外，还有成千上万前来寻觅和体验中国往昔历史的旅游者。

"午饭后，我们参观了灵隐寺，寺庙里有五百罗汉堂和大雄宝殿，僧人们在那儿为一个已经去世的富人念经祈祷，做水陆道场。"（接下页）

杭州灵隐寺的五百罗汉堂（1908年）

142

杭州灵隐寺的和尚们

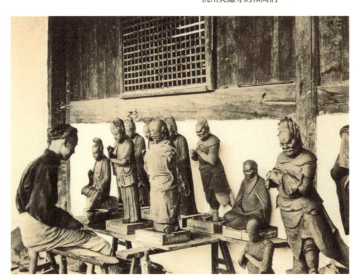

杭州灵隐寺一个正在雕刻佛像的工匠

"在门廊处有一个工匠正在雕刻佛像，我们拍了一张很好的照片。"（克莱伦斯·甘博）

杭州，1908 年 5 月 17 日，星期日

"星期日，我们去参观了梅藤更医生的广济医院。这座医院是一点一点地建起来的，直到现在它已经分别有了男、女住院病房，一个医学校和一个孤儿院。所有这些机构都运行良好，非常有趣。

"后来我们去了长老会的教堂，并在那儿碰到了一些上周五我们就已经见过的人。"（接下页）

梅藤更医生（1856—1934 年）是最著名的新教来华传教士之一。他任劳任怨，乐观开朗，以身作则，激起了医院里所有工作人员的献身精神，工作起来也像他一样不知疲倦。他所管理的广济医院有很多分支机构，正如费佩德在 1922 年版的《杭州旅游指南》第 54 页所指出的那样，"除了医院的男、女住院病房之外，还有妇幼医院、麻风病院、（男、女）肺病疗养所，以及医学校、药学校、护士训练学校、产科学校、疗养所、临终关怀屋和隔离医院"。

梅藤更医生出生于苏格兰的阿里郡，他中断了自己的商人生涯，去读医学院，并最终成了一位传教医师。1881 年，他与弗洛兰斯·奈廷格尔结婚，并携

新婚妻子来到杭州。梅藤更医生最初管理的是圣公会的医局和原来的戒烟所。1884年，他在原有的基础上创办了广济医院，即如今的浙江大学附属第二医院。1885年，他还开办了广济医学校，后者是浙江省第一所医学专门学校。在杭州行医传教的45年中，梅藤更夫妇总共创办了30多个医疗服务机构，并协助创办了杭州基督教青年会。

西德尼·甘博在1917年短期游览杭州时，拍摄了这张梅藤更医生的照片。

"大约下午五点钟，费佩德夫人、马尔济和我散步到了西湖边城墙的外面，又从那儿走了回来。从城墙上眺望到的西湖风景很美。杭州城里的街道在我眼里还是那么陌生。"（克莱伦斯·甘博）

杭州的钱塘门及其城墙

拍摄这张照片时，费佩德夫人、马尔济和克莱伦斯正一起
在杭州西南部的城墙上游览。

杭州，1908 年 5 月 18 日，星期一

"方先生，育英书院的一位教员，今天早上陪着我们，以便帮我们去找一口钟。"（接第 151 页）

杭州的御街是城里主要的商业街

杭州御街上一位戴枷的罪犯坐在台阶上

罪犯的木枷上写有"枷号 月满日释"和" 办理 上城警察局"等字样。

甘博父子三人
在杭州给算命
先生拍照

戴维、西德尼和克莱伦斯正在架设照相机，以便拍摄后面
这张算命先生的照片。照片中还能看到算命先生后面的卷轴
画。另外，在甘博父子这张照片的右边，有一位很有趣的旁观
者，他的年龄跟克莱伦斯差不多，身穿白色长袍，似乎总是跟
着甘博父子三人，并且出现在其他三张照片里，如前面那张戴
枷罪犯的照片，以及后面那两张娶亲行列的照片。他有可能就
是克莱伦斯的好朋友容贵。

杭州御街上一位
名叫"云峰道人"
的算命先生

算命先生 在 1908 年的中国，算命先生仍然是一个重要的角色。人们在挑选有利婚葬的黄道吉日和适合盖新房的地点时，往往还需要询问他们的建议。这位号称"云峰道人"的算命先生跟甘博一家很有缘分。10 年后，西德尼·甘博再次来杭州时，又给他拍了好几张角度不同的特写照片。

"今天早上我们三次看到了街上的花轿。" （接第 153 页）

杭州大街上娶亲行列的仪仗队伍

**杭州的娶亲
行列**

按照中国的传统习俗，娶亲时要有一大队人抬着新娘
的花轿穿过街道，前往她的新家。

"我们还参观了一个药铺。在这儿我们看到30多头鹿，每头鹿都价值三百至四百大洋。这个养鹿场大约值2000美元。

"下午，西德尼和我冲洗了七个胶卷，这是我们在一天之中冲洗得最多的一次。

"母亲前去拜访一位上层社会的中国女士，或者说是两位中国女士。她说要去一个在城市中心占地20英亩①的大宅院。她所拜访的第一位女士是一位富有才华的画家，并且画了一本一百多张、有不同种类菊花的书。在第二个地方，她终于领教了一个中国的婆婆有多厉害，因为她所拜访的这位女士有4个儿媳妇，而且她说的每句话都直戳后者的心。

"育英书院的校友们邀请我们参加星期一晚上的宴会，这顿饭足足有12道菜，还有8种不同的蜜饯或水果，后者一直放在桌子上，以便人们在每道菜上来之前和宴会开始之前享用。

"当我们吃得快满到喉咙时，人们会停下来讲一些笑话，或是猜些谜语。然后我们又开始吃东西。当第三道菜上过之后，有一位校友站起来致欢迎辞，我父亲也致了答谢辞。接着又有人按照中国人的习惯，为'宴会的菜肴不够丰盛'而向我们致歉。

"晚宴之后，我们接着做游戏和猜谜，直至10：30，我们才设法告辞，再三告别之后回到了家里，谢天谢地地上床睡觉。"（克莱伦斯·甘博）

杭州育英书院的校友们设宴为甘博父子洗尘

① 1英亩 ≈ 046.86 平方米。

杭州，1908 年 5 月 19 日，星期二

"除了收拾行囊之外，我们还挤出时间去一位画家的家里看他的一些画作。母亲跟王令赓夫人一起去参加了一个中国人的婚礼，或者说只是婚礼的一部分。她在婚礼上看到了穿着红色嫁衣，并用一块红布从额头盖住脸的新娘。当盖头被揭去之后，母亲瞥了一眼新娘的脸庞。'假如我必须经受这样的煎熬，我肯定不会想要结婚的，'母亲说，'那新娘肯定会热得受不了。'

"下午我听见了街上吹喇叭和敲锣打鼓的声音。费佩德先生请我们前往清泰门，我们看到了身穿卡其布制服，并且有一个军乐队引路的育英书院学生的队伍。军乐队行进到城门前停了下来，演奏了几支曲子后，便原路折返了。我们匆匆坐上轿子，一会儿就赶上了像保镖一样的学生队伍。在路人的引颈注视下，我们被军乐队和 92 名身穿制服的男孩护送出城，那场景真是滑稽极了。

"他们在清泰门前停下来拍了照片，我们正好利用这个机会也拍了一些照片。

"我们被带到火车站候车室的小包间里，其他人纷纷涌上来围观，似乎还以为来了一个马戏团。

"到了上车的时间，我们走到了月台上，从 92 名学生所组成的仪仗队前走过，然后上了火车。这时我们发现自己又一次受到了礼遇，因为他们首次把我们安排在了头等车厢。

"火车开动之后，我们听到了更多的吹号声。从车窗看出去，有四名军乐队的成员站在旧铁轨上使劲吹号，把脸都憋得通红。

"在杭州'租界'铁路线的终端，有轿子把我们抬到了我们的住家船那儿，并有人护送我们上了船。我们得再次在访客簿上签字，在船夫的多次吆喝和用篙撑船后，我们的住家船终于上路了。

"晚上跟以前没有什么两样。"（克莱伦斯·甘博）

鸟瞰杭州城（1908年）

上海，1908 年 5 月 20 日，星期三

"今天早上我们见到了坟墓、水牛和帆船。我们在日本看到的是农民用踩水车来抽水，但是在这儿我们见到的是水牛套着一个轮子，反复地转圈。

"农民给水牛戴着竹编的眼罩，以防它们晕眩，或者是为了不让它们知道自己走到了什么地方。帆船的数量在不断增加，我想我们一定是越来越接近上海了。是的，因为拐了一个弯之后，我们就看到了一艘中国人的兵船，再远一些的地方，停泊着一艘鸦片船。

"后来我们就到了客利饭店。"（克莱伦斯·甘博）

京杭大运河边用水牛驱动的水车

客利饭店（Grand Hotel Kalee）是 1887 年一家德国公司在江西路 25A（九江路与江西路交界处）建造的。1904 年，该饭店宣称它的 130 间客房全部配有浴室和电灯。后来，该饭店还推出了由一位法国大厨掌勺的法国大餐，并在餐厅用餐时段配上了音乐和舞蹈。1920 年这所饭店被卖给了上海香港饭店有限公司。1933—1936 年，它被用作美国驻上海总领事馆的办公处。一年以后，整座饭店被拆毁，在其原址上建造了兴诚银行。

下面四张照片中的上海

玛丽·甘博也许不会对回到上海感到不快，因为这儿的生活更有秩序、更干净和更加西化。克莱伦斯在 5 月 25 日的日记中这样提到了上海的店铺："这儿的街道不像杭州那么肮脏，店铺看上去档次也更高一些。"情况确实如此，费珍妮和她母亲每次离开城里的宅院时，身边总要带一名护送她们的中国仆人。杭州的许多地方对于外国人或中国人来说都是不安全的。正如前面所提到过的那样，有些地区会有成群的野狗，市场里总是挤满了人，而贫民窟里总是泥泞不堪、肮脏，地上尽是垃圾。在乘船去杭州之前，甘博一家花了整整一天的时间，在上海的店铺里购置生活必需品，以备在杭州这个落后地区使用，如照相所用的一些耗材在杭州肯定很难找到。作为南宋（1127—1279 年）的都城和政治、经济及文化中心，杭州曾经享有国际声誉。但是在 1908 年，杭州更像是乡下，而在南宋时期经济活跃，被称作"小临安"的上海则已经成了一座"现代化的"都市。

第 160 页中的四张照片集中概括了上海如何从一个小渔村崛起为一座甘博一家在 1908 年见到的繁华都市。新开垦的农田用来种棉花要比种粮食更有利可图，而棉纺产品又促进了纺织工业和贸易。到了明代（1368—1644 年），上海发展成了一个纺织品运输中心。在上海为官的潘氏家族因此积累了巨大的财富。1577 年，潘允端建成了上海的豫园，这是一个拥有 5 英亩面积花圃、假山、亭台轩阁和池塘的私家花园。在其中一个池塘的中心，用桩柱作为地基建造起来的小方亭，即后来重建过的湖心亭（第

160 页左下方），更是成了潘氏的隐居之处。虽然维护豫园的存在最终导致了潘氏家族的破产，但上海仍然维持着它的繁荣昌盛，这部分是由于清廷于1732年将大清海关迁到了上海，使上海对江苏省的关税有了独家控制权。不久之后，一批布商买下了豫园的小方亭，经过20年的施工改造，他们在小方亭原址上建成了现在的湖心亭，以作为布商们聚会议事的场所。

上海港的战略位置引起了英国人的注意，因为他们一直想要扩展其贸易和开辟新市场。1842年英国在鸦片战争中的胜利和他们在上海建立的基础架构使上海发展成一个国际航运中心。中国人对英国人盘踞上海的憎恨也成了引发太平天国运动（1850—1864年）的一个因素。1853年至1855年，民间秘密组织小刀会占领了上海的孔庙和豫园的一部分。小刀会与清廷要员李鸿章（其塑像见下一页的右下方）手下军队的激烈战斗摧毁了孔庙，对豫园也造成了破坏。

1855年李鸿章镇压了小刀会起义之后，清廷重建了现位于文庙路的孔庙。而曾经作为潘允端退隐之处和后来布商们聚会议事场所的豫园湖心亭则摇身一变，成了茶馆，清代的外国人称其为"青瓷茶楼"——据说18、19世纪在美国颇为流行的青花瓷盘上的图案就是以这个茶楼的景色为原型的。李鸿章的塑像是英国人为了感谢他平定小刀会叛乱而立的。上海恢复秩序后，下一页右上方图中的锡克族警察便是上海作为开放口岸时期英国人存在的一个标志。

从1956年到1961年，上海市政府完全修复了豫园，"青瓷茶楼"又重新被命名为湖心亭茶馆。1999年，上海市政府在经过大修的孔庙（它同时又是"石雕艺术珍宝馆"）庆祝了孔子的2500年诞辰。之后，在孔庙的东北角建起了一个畅销书和期刊市场。在儒家学说占统治地位的年代，没人能够想象21世纪的上海，然而这么多世纪之后，孔庙和豫园湖心亭茶楼已是上海最有名和最受推崇的旅游景点。

1908 年的上海

上海孔庙

站在万福来店铺前面的锡克族警察

豫园湖心亭

李鸿章塑像

上海美华书馆

当甘博一家于 1908 年 5 月参观上海美华书馆时，该书馆已经开张了 60 年，并且将继续营业 30 年。

美华书馆的创建可以追溯到 1844 年 2 月，当时柯理（Richard Cole）与一个叫阿余（A. Yuk）的中国人抵达了澳门。后者是在美国跟何牧师（Rev. Mr. Orr）待了一段时间之后才回到中国的。阿余是花华圣经书房（The Chinese and American Holy Classic Book Establishment）雇佣的第一位华裔印刷工。经过对一些特殊生产和难以装配部件的等待，到了同年 6 月，花华圣经书房就已经开始运转了。在创办的头一年，该书房的两位印刷工和一个排字工就生产出了 14500 册《路加福音》、15000 册《使徒行传》和 10000 册《张远两友相论》。

汉字排版并不是一件容易的事。因为很多世纪以来，中国人一直在用木刻雕版印刷。正如具有超前思维的美国长老会海外传教使团的约翰·C. 劳里所指出的那样：

在我看来，要靠在木刻雕版上用手工刻字和用刷子刷油墨的方法来印刷 6000—8000 个汉字几乎是不可能的！我们生活在一个金属和蒸汽机的时代。我们的工厂应该拥有最有效的机器和能够扩大生产，以便能达到规定数额的机械装置。

《康熙字典》中列出了 40919 个汉字。若要印传教方面的书，6000 个汉字就足够了，但是要印刷期刊和承接外包任务（这最终成了美华书馆的一项重要业务），则需要 8000 至 10000 个汉字。

新加坡伦敦会的台约尔（Samuel Dyer，1804—1843 年）曾对汉字印刷做出过改进。1845 年把印刷所从澳门搬到了香港的柯理在台约尔的基础上又对汉字印刷做了进一步的改进。1859 年，姜别利（William Gamble，跟戴维·甘博没有任何关系）成为宁波花华圣经书房的主管后，对汉字印刷又做出了重要的贡献：他发明了用电镀法制造的汉字铅活字铜模，创造出了一种瘦长体，印刷更清晰，能够使人看清繁体字细部的汉字铅活字。1860 年，花华圣经书房迁至上海，改名为美华书馆（The Presbyterian Mission Press）。到了 1875 年，它原来所在的那栋楼就已经显得太小了。1895 年，当美华书馆庆祝建馆 50 周年时，它已经雇用了 96 名员工，成为上海经济的一个重要组成部分，而且对于加强传教士社区的凝聚力也发挥了很大的作用。

建立美华书馆的最初目的是向传教士社区提供传教活动的信息。美华书馆于 1874 年 1 月接管了《教务杂志》（The Chinese Recorder）的出版任务之后，该杂志的重要性就因为它对于外国人在华生活和工作事宜的洞察力而日益彰显。1888年，费启鸿（George Fitch）博士成为美华书馆主管后，该杂志更是编得越来越好。

乐灵生（Frank Rawlinson）于1912年加入美华书馆之后，《教务杂志》明显地开始支持自由主义神学和中国的民族主义。将中文的时事新闻和文章译成英文的做法赋予英文读者一种应对在华生活和相关事务的洞察力，这正是他们十分需要的。《教务杂志》不仅报道传教活动和全世界教会会议的消息、教会学校的创办，以及基督教在中国的发展；而且它还十分关心中国的时事。《教务杂志》参与了反对鸦片的声讨，专题报道过义和团运动、辛亥革命和中国共产党的发展壮大。它充当了两种文化之间的桥梁，将关于西方宗教和技术的知识传播到了东亚，而且还针对西方人在新加坡、马来亚、缅甸、泰国、印度尼西亚和越南的活动发表文章。

《教务杂志》是当时已知连续出版时间较长的期刊之一，它每个月都出一期，直至1941年12月，日军占领上海，并强行将其关闭。

上海，1908年5月21日，星期四

"我们去看望了费启鸿博士，以商定我们在上海的时间表，然后我们就去购物了。我们拍照的耗材数量越来越少，且很难找到一个能够购买这些耗材的地方。

"下午，我们去参观了美华书馆的运营情况。印刷汉字一定是一件非常困难的事——毕竟有66000个汉字。我们看到工人们在制作铜版墨、排字、印刷和装订成册。纸是从瑞典进口的，由于距离太远，所以购买这些纸花费了两万大洋。

"公共汽车买票是按区段来论价的，一个区段才花一分钱。"（克莱伦斯·甘博）

上海美华书馆的活字排版

费启鸿博士（1845—1923 年）是费佩德的父亲，正是费佩德邀请甘博一家来中国的。1908 年，费启鸿正住在上海，他的传教士妻子玛丽（Mary McLellan Fitch）从 1888 年起就一直在上海工作。美华书馆是当时世界上较大的同类机构之一，费启鸿作为其主管，以及他担任的《教务杂志》这份重要期刊主编的额外职务，确保了他在美国长老会以及基督教在华，乃至在整个亚洲传教活动中的地位。他的商业头脑和崇高的伦理道德使他把《教务杂志》打造成了亚欧社区之间的一座珍贵的桥梁。费启鸿的 5 个孩子——罗伯特、玛丽、詹妮特、乔治和爱丽丝——全都参加了传教工作。他的孙女，也就是费佩德的小女儿费珍妮，在她 1981 年出版的回忆录中描述了她的家庭成员以及他们的生活。

上海，1908 年 5 月 22 日，星期五

"费启鸿夫人带我们去参观了一所幼儿园和上海济良所（妓女收容所）。这两个场合跟我们在日本看到的大相径庭。幼儿园的小朋友连男女都无法辨认。

"在上海济良所里，我们看到姑娘们在上课，还有一些姑娘在另一座楼里干活。有一个城里的工人为她们制作玩偶的头，而她们则给玩偶穿上衣服，然后将它们卖掉。她们有一打形状不同的玩偶。她们还制作鞋子、扇子、刺绣品和其他钩编织品。

"下午，我们出发去圣约翰大学，在路上顺便拜访了容揆[41]夫人。可惜她不在家，于是其他人继续去参观圣约翰大学，而我则留下来跟她儿子容贵一起玩了一会儿。"（克莱伦斯·甘博）

上海的一所幼儿园里的幼儿

---

[41] 容揆（Yung Kuai）是容闳的族弟，广东省新会县人。1873 年，他曾作为第二批留美幼童，就读于美国的春田中学，成绩优异，1880 年高中毕业时，他是在毕业典礼上致辞的毕业生代表。正当他被哈佛大学录取，准备入学时，出洋幼童肄业局专员吴嘉善以容揆加入基督教会和剪去辫子为由，把他开除出肄业局，命令他立即回国。但容揆抗命不归，并改读了耶鲁大学。从耶鲁大学毕业后，他于 1897 年到华盛顿市的中国驻美使馆工作，并在那儿工作了 43 年之久。中国的各批庚款留美学生到了美国之后，基本上都是由他接待和监管的。1908 年他曾带着全家回国，先后在上海和天津住了半年。甘博一家到上海的时候，容揆一家人正好也在上海。容揆的妻子是美国人，名叫玛丽·伯纳姆（Mary Burnham），春田市人，显然是玛丽·甘博的朋友。克莱伦斯在来中国的轮船上认识了容揆的混血儿子容贵，两人成了好朋友。（译者注）

圣约翰大学的
学生军

圣约翰大学

　　1905 年，上海圣约翰大学在美国的华盛顿市注册为一所
美国的大学，甘博一家参观圣约翰大学时，它已经注册三年了。
1907 年，圣约翰大学就已获准开始颁发学士学位了，这是中
国第一所能颁发学士学位的大学。

　　圣约翰大学最初是美国圣公会传教士于 1851 年左右创办
的一所男子学校。1879 年，文惠廉（William Jones Boone）
和上海主教施约瑟（Joseph Schereschewsky）将它升格成了
圣约翰书院。该学校原来那个漂亮的长方形校园前院是由新泽
西州纽沃克的一位著名的建筑师威廉·哈尔西·伍德设计的。
这位建筑师本人也是一位虔诚的美国圣公会教友，除了为卡内
基（Andrew Carnegie）设计过许多高档建筑和纽约州萨拉托
加温泉的亚多艺术家社区之外，他还设计了 40 多个美国圣公
会的教堂建筑。

圣约翰大学是一所热心于公益事业的进步学校。1880年，它开设了中国最早的一所医学院；1881年，一所女子寄宿学院（圣马利亚女校）成了该大学的一部分，两个校园之间只有一墙之隔。在办校的早期，学校的各门课程是用官话来教授的；1891年之后，教学语言变成了英语。之后，圣约翰大学被称为"中国的哈佛"，吸引了全国最好和最聪明的学生。它令人印象深刻的校友名单包括了中国最成功和最有成就的外交家、学者、工程师、作家、商人、科学家和企业家，以及中国的第一位亿万富翁。

　　1952年，中国政府解散了这所大学，将各个学院拆分到了不同的大学里，而它的校园成了华东政法大学的校园。

　　在其存在的73年中，圣约翰大学强调一种为中国服务的伦理道德。虽然圣约翰大学每年的招生人数从未超过300人，但它的毕业生能流利地说汉语和英语，受过人文和科学的熏陶，熟悉中西方不同的思维模式，所以在改善中国与西方的关系方面，圣约翰大学发挥了极为重要的作用。许多圣约翰大学的校友因其掌握的技术、科学和商业方面的专业知识被中国政府聘用。他们对打破不同文化间的隔阂，改善经济和国际关系做出了极其重要的贡献。例如，第47届毕业生鲁平，一位退休的外交官，曾在香港和平回归中国的外交谈判中起了重大作用；宋子文在罗斯福执政时期是中国的外交部长；外交家顾维钧曾是海牙国际法庭的法官。

上海，1908年5月23日，星期六

"我们又上街购物。我们还探访了制作玩偶头的那位工人，他那儿有一些推独轮车、拉黄包车和做工的玩偶。"（接第170页）

上海的一家裁缝铺

上海一条石头路边的摊贩

上海的一个露天街市

"下午，我们乘坐一辆独轮车去美华书馆取一些家庭照片。像往常一样，街上有很多围观的人群，但谢天谢地，他们不敢踏入美华书馆的大门。

"推独轮车的车夫并不太喜欢站着让我们拍照，但是我们还是设法让他这么做了，而且那张照片看上去还不错。"（克莱伦斯·甘博）

戴维和玛丽·甘博在上海美华书馆

从戴维和玛丽·甘博的上面这张照片里可以看到，美华书馆坐落在一座漂亮的现代建筑里。美华书馆的办公室是传教士们从西方来中国的落脚点或传教士们回西方去，以及去全中国或全亚洲旅行的一个出发点。费启鸿博士的职责是随时准备处理任何因瞬息万变的情况而发生的突发事件。经常会有人来找他，请他解决职业上的或是私人的难题，请他就旅行路线提出建议，给予指导或帮助，或处理紧急情况。

上海的一名匠人与他的学徒

上海，1908 年 5 月 24 日，星期日

"今天早上天变得稍微有点凉快，我们都心存感激。早上就在旅馆里休息，写了几封信。下午我们逛了租界的几条街，在基督教青年会那儿停留了一会儿。"（克莱伦斯·甘博）

上海一个菜场里的卖菜小贩

上海，1908 年 5 月 25 日，星期一

"今天早上我们又出门上街，这一次母亲是跟我们一起去的。在城门处，有一位向导以 5 角 1 人的报价向我们兜售他的服务。我们认为这个价格太高了，于是他又把报价降到了每人 2 角 5 分。

"这儿的街道不像杭州那么肮脏，店铺的档次看上去也更高一些。然而当我们通过向导开始买东西的时候，问题就来了。我们可以肯定，他在谈好的价格上又加了一半或一倍的价格，而且他会过一段时间再来向我们要额外的那笔钱。我们太了解像他那样的人了，而且我也并不认为他赚到了很多钱。他带我们去看了一座假山，还有一个迷宫。"（接下页）

上海一所职业男校的学生

中式的假山

在去参观一所职业男校的路上，甘博一家参观了豫园。第 160 页上那张关于豫园的照片可以为此作证。在豫园的中心部位有一座高约 50 英尺或 14 米的大假山。在假山的顶上，人们可以鸟瞰整个公园。这座包括了悬崖、洞穴和峡谷的大假山是当时江南最古老和最大的一个假山。

"整个下午我们都在参观一个天主教的教会学校，学校雇用了女绣工，教女学生们编织花边和刺绣，然后再拿这些绣品去卖。在学校里，我们看到女学生们在刺绣一些美丽的图案和成束的花卉。附近不远处，还有一个职业男校，我们顺便也参观了那儿。学生们在这所学校里学习在家具、屏风、木架子和偶像上进行雕刻。"（克莱伦斯·甘博）

上海职业男校里一个手拿木工钻的学生

上海，1908 年 5 月 26 日，星期二

"早上大部分时间都在给行李打包，直到容揆的儿子容贵来看我，于是我便跟他出去开车兜风了。

"下午直到最后一分钟我们都在十分忙碌地收拾东西，准备离开。下午四点半，我们向大家告别之后，便沿着跳板步桥上了船。经过仔细的盘算之后，船夫们最终决定等到五点再开船，经过两个小时的航行，我们终于到达了'蒙古号'轮船停泊的地方。"
（克莱伦斯·甘博）

"蒙古号"
轮船

"蒙古号"轮船

甘博一家人就是搭乘"蒙古号"轮船来中国的，两个星期之后，他们又搭乘"蒙古号"轮船从上海去了朝鲜。他们将要在朝鲜的平壤和汉城停留三个星期，然后到日本，再停留六个星期。7月30日，他们搭乘"满洲号"轮船回到了美国。以1908年5月10日他们离开美国旧金山为开端的夏威夷之行和亚洲之行终于落下帷幕，这段旅程成了甘博家族的私人回忆和公众的阅读体验。

参考书目

Au, Andrea Yun-Woei. "Men of Faith, Men of Action: The Origins and Evolution of the Princeton in Asia Program 1898-1937." Senior Thesis, Department of History, Princeton University, April 1996.

Clayre, Alasdair. *The Heart of the Dragon.* Boston, MA: Houghton Mifflin Company, 1986.

Curran, Catherine Gamble. "Sidney David Gamble. China Photos + Later Exhibitions." Text of Speech presented at Cosmopolitan Club. Private Papers of Constance McPhee.

Fairbank, John King. *The Great Chinese Revolution 1800-1985.* Harper & Row, 1986.

——, ed. *The Missionary Enterprise in China and America.* Harvard University Press, 1974.

Fitch, George Field. RG360, Series 3. Vertical Files. Presbyterian Historical Society, Philadelphia, PA.

Fitch, Janet. *Foreign Devil: Reminiscences of a China Missionary Daughter 1909-1935.* Chinese MaterialsCenter, Asian Library Series No. 39. Published in The Republic of China, 1981.

Fitch, Robert Ferris. *Hangchow Itineraries.* Kelly & Walsh Limited, 1922.

——. "Northwestern Szechwan," *Chinese Recorder and Missionary Journal.* December, 1918.

——. Archival files. RG360, Series 3. Vertical Files. Presbyterian Historical Society, Philadelphia, PA.

Gamble, Clarence James. "China's Awakening." 340v. Box 17, Sarah Merry Bradley Papers 1898-1984. Schlesinger Library, Radcliffe Institute, Harvard University, Cambridge, MA.

——. "My Trip to the Orient. A Dally Journal 1908." 344. Box 17. Sarah Merry Bradley Papers 1898-1984. Schlesinger Library, Radcliffe Institute, Harvard University, Cambridge, MA.

Gamble, Elizabeth B., ed. "Gamble Family Genealogy for the Descendants of James and Elizabeth Norris Gamble," 1997. Privately published. Private Papers of Sarah Gamble Epstein.

Gamble, Sidney D. *How Chinese Families Live in Peking.* New York: Funk & Wagnalls, 1933.

——. *Peking; a Social Survey.* New York: George H. Doran Company, 1921.

——. *Ting Hsien: A North China Rural Community.* Palo Alto, CA: Stanford University Press, 1954.

Hsu, Immanuel C. Y. *The Rise of Modern China*. New York and Oxford: Oxford University Press, 1985.

Japanese Imperial Government. *An Official Guide to Easter n Asia: Trans-Continental Connectionsbetween Europe and Asia. Vol. IV: China*. Tokyo, Japan: The Imperial Japanese GovernmentRailway, 1915.

Lief, Alfred. *"It Floats" :The Story of Procter & Gamble*. New York: Rinehaet & Company, Inc., 1958.

Parker, Carlton H. *The Casual Laborer and Other Essays*. New York: Harcourt Brace and Howe, 1920.

Parker, Cornelia Stratton. *An American Idyll: The Life of Carlton H. Parker*. New York: Atlantic MonthlyPress, 1919.

Persyński, Frederich. *Von Chinas Gotten: Reisen in China*. Munchen: Kurt Wolff Verlag, 1920.

Spence, Jonathan D. , Intro. *Sidney D. Gamble's China 1917-1932. The Land and Its People*. Washington, DC: Alvin Rosenbaum Projects, Inc., 1988.

Williams, Doone & Greer. *Every Child A Wanted Child: Clarence James Gamble, M.D., and His Work in theBirth Control Movement*. Boston, MA: The Francis A. Countway Library of Medicine, 1978.

Xing, Wenjun. "Social Gospel, Social Economics, and the YMCA —Sidney D. Gamble and Princeton-in-Peking." Ph. D. Dissertation. University of Massachusetts at Amherst, 1992.

Wong, Liping. " Tourism and Spatial Change in Hangzhou 1911-1927. " <http://www. chinaheritagequarterly. org/features. php?searchterm=028_tourism. inc&issue=028>

沈弘编：《西湖百象：美国传教士甘博民国初年拍摄的杭州老照片》，济南：山东人民出版社，2010 年。

沈弘、休厄尔编：《天城记忆：美国传教士费佩德清末民初拍摄的杭州西湖老照片》，济南：山东人民出版社，2010 年 8 月。

邢文军、陈树君：《风雨如磐：西德尼·D. 甘博的中国影像（1917—1932 年）》，武汉：长江文艺出版社，2015 年，第 47 页。

西德尼·甘博影像展览目录

Beijing Through Sidney Gamble's Camera. 1917–1932. Hong Guo Juin Hong & Luo Zhou, eds. DukeUniversity Libraries, Capital Library of China, June & October, 2013.

China Between Revolutions: Photographs by Sidney D. Gamble 1917–1927.The Sidney D. GambleFoundation for Chinese Studies and China Institute in America, 1980.

Sidney Gamble's China Revisited. Photographs by Sidney D. Gamble from 1917 to 1931.Nancy Jervis, ed.;Jonathan D. Spence, Intro. New York: China Institute and Eastbridge (co–publishers), 2004.

Turbulent Years: China Before and After the May 4th Movement. Sidney D. Gamble's Photographs of China, 1908–1932. The Museum of China History. September 16 – October 10, 1999.

序言部分的照片

本书序言部分所使用的照片分别来自美国北卡罗来纳州达勒姆的杜克大学戴维·M.鲁本斯坦善本书与手稿图书馆中的西德尼·D.甘博老照片收藏、马萨诸塞州坎布里奇的哈佛大学拉德克里夫高等研究学院施莱辛格图书馆的萨拉·梅里·布拉德利·甘博的档案收藏，以及费佩德外孙罗伊·休厄尔的家庭相册。本书编者在使用这些照片之前已经分别征得了上述照片收藏单位和个人的允许和同意。关于这些图片出处的具体说明如下。

第2页"摄影展目录的封面：《风雨如磐：'五·四'前后的中国。西德尼·D.甘博1908-1932年中国摄影展》"：西德尼·D.甘博基金会和中国历史博物馆，北京：北京艺术和文化股份有限公司，1999年。

第4页"戴维和玛丽·甘博，约1888年"：萨拉·梅里·布拉德利·甘博的档案收藏中一张明信片上的照片（SBG 23/415）。

第7页"甘博宅邸起居室的内景"：南加州大学格林兄弟档案（Greene & Greene Archives USC 7851）。

第8页"费佩德"：沈弘、休厄尔编：《天城记忆：美国传教士费佩德清末民初拍摄的杭州西湖老照片》，济南：山东人民出版社，2010年）。

第10页"杭州附近运河上的帆船"：沈弘、休厄尔编：《天城记忆：美国传教士费佩德清末民初拍摄的杭州西湖老照片》，济南：山东人民出版社，2010年）。

第11页"江边水牛"：杜克大学西德尼·甘博照片收藏（Duke 177-992）。

第13页"梅藤更医生"：https://www.hzsct.org/sct/sct/info/listinfo.jsp?infoid=248。2017年6月6日查询。

第15页"圣约翰大学纪念坊"：《施公楼前的牌坊，"已经消失的一个中国文科大学"》，《波士顿环球报》，2012年3月3日。2017年1月8日查询。

第16页"杭州运河上的一艘农船"：杜克大学收藏的西德尼·甘博的无名相册。

第18页"之江大学主楼慎思堂"：杜克大学西德尼·甘博照片收藏（Duke 47B-498）。

第20页"寺庙台阶上的香客"：杜克大学西德尼·甘博照片收藏（Duke 360-2059A）。

第21页"制作灯笼的工匠"：杜克大学西德尼·甘博照片收藏（Duke 170-953）。

第22页"清代的慈禧太后"：维基百科"慈禧太后"，出生于1835年11月29日（S Wikipedije, slobodne enciklopedije, Carica Ciksi. 29 November 1835,

EDCX. PNG）。2017 年 6 月 18 日查询。

第 24 页 "费启鸿"：杜克大学西德尼·甘博照片收藏（Duke 279-1698）。

第 25 页 "坐在重庆一个石阶上的乞丐"：杜克大学西德尼·甘博照片收藏（Duke 23A-123）。

第 27 页 "俄亥俄州辛辛那提市宝洁公司象牙谷工厂"：萨拉·甘博·爱泼斯坦的私人收藏。

第 29 页 "卡尔顿·H. 帕克"：www.workeseducation.org。2017 年 6 月 28 日查询。

第 30 页 "西藏边界"：罗伊·休厄尔的家庭相册。

第 31 页 "岷江上的一座竹索桥"：罗伊·休厄尔的家庭相册。

第 33 页，"北京贫民收养所的男人们"：杜克大学西德尼·甘博照片收藏（282-1622）。

第 35 页，"重庆的一名乞丐"：杜克大学西德尼·甘博照片收藏（Duke 23A-123）。

第 36 页 "北京通州的一位鞋匠"：杜克大学西德尼·甘博照片收藏（Duke 203-1135）。

第 39 页西德尼·甘博：普林斯顿大学图书馆善本特藏部手稿处的西德尼·甘博照片收藏（Co 319）。

华夏之旅

日记

甘博一家在 1908 年 5 月 8 日（星期五）至 5 月 26 日（星期二）这一段时间的每日活动是由克莱伦斯·甘博亲手记录在旅馆信笺上，并且将它们集中起来，成为一篇题为《我的东方之旅：1908 年日记》的手稿。本书中所翻译并出版的关于克莱伦斯·甘博日记经过了他的后人萨拉·梅里·布拉德利·甘博的允许。

照片

本书"华夏之旅"部分的照片主要来自杜克大学西德尼·D. 甘博照片收藏中的一本没有题名的相册、哈佛大学施莱辛格图书馆中萨拉·甘博档案中一本由克莱伦斯·甘博留下的相册，以及下面这些专门注明的出处。

第 47 页的"新天安堂"照片是 2017 年 4 月 18 日从下列网页中找到的：<https://en.wikisource.org./wiki/Twentieth_Century_Impressions_of_Hongkong_Shanghai_and_other_Treaty_Ports_of_China/Protestant_Missions_in_China>.

第 110 页的"杭州城市地图"：《东亚官方指南：跨越欧亚的洲际联系》，第 4 卷《中国》（日本东京：日本皇家政府铁路，1915 年），第 254 页。

第 124 页的"甘卜堂"照片：杜克大学西德尼·甘博照片收藏，136-765。

第 126 的"西湖"图：选自德国汉学家贝尔契斯基（Frederich Persynski）的《关于中国的神：在中国的旅行》（莱比锡，1920）一书。绘图者是浙江萧山的周鹤年。

第 144 页的"梅藤更医生驾驶驴车"照片：杜克大学西德尼·甘博照片收藏，133-747。

第 157 页的"客利饭店"照片：<https://:avezinklivejournal.com/>.选自 G. 苏纳伯格用俄语撰写的《上海指南》中一张客利饭店广告，该书于 1919 年在哈尔滨出版。2017 年 3 月 16 日查询。

第 175 页的"'蒙古号'远洋客轮"照片：<https://en.wikipedia.org/wiki/SS_Mongolia_(1903)>。2017 年 3 月 16 日查询。

关于《华夏之旅》部分照片的说明

正如克莱伦斯在 1908 年 5 月 15 日和 18 日的日记中所写的那样，甘博兄弟在中国拍摄的照片胶卷是他们自己冲洗的。在西德尼·甘博那本没有标题的相册中，几乎所有的照片都是黑白或深褐色的，只有四张照片例外。而在克莱伦斯那本题为《1908 年的华夏》的相册中，几乎都是彩色或手绘彩色的照片，其中有许多照片跟西德尼那本没有题名的相册中的照片相同。那些彩色照片可能都是在甘博兄弟访日时曾光顾过的那个照相馆里用手工绘制的。

"华夏之旅"部分的照片大多都经过图像处理，被调整过色调和对比度。这样做可以使照片中的细节部分显示得更为清晰，并且可以补偿因时间长久而造成的褪色。并没有因此造成图像本身的任何改变。

科尼利厄斯·马泰奥摄影工作坊（www.cmatteophotography.com）为准备本书中的照片提供了珍贵的帮助。

编 者 注

  本书所引的"华夏之旅"日记文本是克莱伦斯·詹姆斯·甘博在旅行途中亲手记录在零碎纸页上的。他后来用打字机将这些日记手稿整理成为打字文稿，并同时做了一些修改和补充。编者手头只有打字文稿的第一页，特将其翻译列举如下，从中可以看出日记作者对中日之间差异的观察和欣赏角度。请注意，"日本佬"这一说法在 1908 年并非是骂人的话。

  5 月 9 日星期六。直到今天以前，我一直以为中国和日本的房屋、习俗和人民都是十分相似的。但是上岸以后，当我发现中国人的脸与日本佬是如此不同时，简直大吃一惊。而且毫无疑问，他们的衣着打扮也截然不同。我们最初看到的码头周围的人都穿着宽大、臃肿、长短不一和打满补丁的蓝裤子。他们的上衣全都脏得一塌糊涂。据说中国人喜欢穿蓝衣服是因为它们无论是制作还是清洗起来都是最便宜的。街上的黄包车都是破破烂烂的，与我们在日本见到的那些光鲜漂亮的黄包车形成了鲜明的对比。街上还有许多独轮车用于运输。那些车的轮子位于车的中间部位，在其两边都有载货的架子，而且架子上还有众多的横条，以便于装箱。有时我们可以看到，一个独轮车夫推着满满一家人在街上走。有一辆从我们身边经过的独轮车上竟载着八位女子。它还能装载大量各种不同的商品。

致 谢

《1908，甘博兄弟发现的彩色中国》之所以能够完成，跟沈弘教授的指导和建议是分不开的，后者对于杭州历史的知识是全方位的。作为介绍西德尼·甘博杭州老照片的《西湖百象：美国传教士甘博民国初年拍摄的杭州老照片》和介绍费佩德杭州老照片的《天城记忆：美国传教士费佩德清末民初拍摄的杭州西湖老照片》这两本书的作者，沈弘教授对于这两位关键人物事先已经有了深入的了解，并且分享和支持了我对于本书写作计划的热情。在我的整个写作过程中，他都给予了很多指导性的意见，并且使我认识了杭州。我们一起在大运河上坐水上巴士，他还请我们品尝了杭州的一些美味佳肴。沈弘教授介绍我认识了杭州灵隐寺的薛宁刚先生，后者慷慨地为我参加杭州的一次高水平国际学术会议提供了国际旅费和食宿，并且丰富了我在中国的研究和生活。感谢费佩德的外孙罗伊·休厄尔（Roy Sewall）与沈弘教授分享了他外公的杭州老照片和其他信息，这些都支持了本书的写作计划。

通过沈弘教授，我还认识了其他一些能说英语的杭州人。丁光慷慨地挤出时间，陪我在杭州参观了一些非常有趣的景点和商店，并且向我介绍了许多值得我深思和回味的情况，以便我能深入地洞察中国人的生活和文化。还有许多杭州人对此书也有很大的帮助：博凯西湖酒店的经理周强为我充当翻译，使我能够参观杭州灵隐寺。沈品华分享了我对杭州的热情，带我去参观博物馆、寺庙和餐馆。最后，我很幸运地找到了邢文军先生出色的博士论文，以作为我研究西德尼·甘博生平的一个基础，邢先生还亲自回答了我对于甘博的一些问题。在上海，林金辉先生也牺牲了他宝贵的时间，为我做向导、翻译和解说。

在美国，加州大学伯克利分校的学者韩涛（Thomas Hahn）——这位中国老照片研究领域的资深学者耐心地审读本书的校样，并且跟我分享了他对19世纪的中国和大运河船只的知识。位于俄勒冈州波特兰的里德学院的退休中文教授吴千之向我解释了汉字的问题，提出了修改稿件的意见，并且多次审读了我修改过的书稿。

在我去中国实地调查的旅行中，滨田芸（Novick Tsutae Hamada）是一位忠实的旅伴。在我的家乡阿什兰，哈罗德·奥特尼斯（Harold Otness）借给了我他珍贵的头版书，并且告诉我旅行指南也是一种研究工具，我从那儿找到了在其他地方难以找到的信息。他的妻子张敏慧（LorettaOtness）极其耐心地帮我审读了两次校样。卡伦·杰南特（Karen Gernant）是一位眼光敏锐的审读员、找错者和教育家。楼罗默（Lou Roemer）向我提供了当今中国的照片。苏珊·格雷夫丝（Susan Graves）在我遇到计算机难题时告诫我必须要有耐心。

图书馆员们总是给我提供帮助，如耶鲁大学神学院特藏部的专家司马伦（Martha Smalley）、俄勒冈州阿什兰公共图书馆参考馆员埃米·格林沃尔德（Amy Greenwold）、俄勒冈州梅德福的杰克逊县公共图书馆馆际互借部门的朱丽叶·德雷格森（Juliet Drengson），尤其是杜克大学图书馆中国学图书馆员和梅甘·奥康奈尔复制服务经理周珞（Luo Zhou），她们都回答了我许多关于照片及收藏的问题。对于她们的慷慨支持我非常感激。

关于准备本书中的照片，以及许多跟版面设计相关的问题，我必须要感谢科尼利厄斯·马泰奥摄影工作坊（www.cmatteophotography.com）的科尼利厄斯·马泰奥，他总是能够在最短时间内提出问题的解决办法并提供专业的技术帮助。我要特别在此对他表示由衷的感谢。

还应该特别感谢的是位于宾夕法尼亚州费城的长老会历史学会及其工作人员，他们曾经帮助我使用他们收藏的有关长老会传教运动的丰富资料。

最重要的是，西德尼·戴维·甘博的孙女康丝坦斯·麦克菲（Constance McFee）慷慨地跟我分享了珍贵的信息和只有她才能得到的家族信息——而且还为我支付了午餐的钱。此外，在持续数月的写作过程中，她不断地为我寻找和提供所需的照片和文字材料。

最后，克莱伦斯·甘博的长女和西德尼·甘博的侄女萨拉·甘博·爱泼斯坦（Sarah Gamble Epstein）不仅给此书的写作计划提供了经费资助，而且还以她的耐心和敏锐观察力在书稿中发现了最细微的打印错误，并辨别出奇怪的英语句子结构。出于对历史记忆的珍惜，她鼎力赞助了这两本通过隐藏在库房书架上的褪色照片和档案案卷中的日记来对日本和中国的生活和文化进行深入研究的书籍，第三部《1908年的朝鲜》很快也将面世。

对于所有为此书的写作提供过帮助，但我已经忘记他们名字的人，以及在本书即将完成时提供了非常有建设性意见的韩涛（Thomas Hahn，https//Hahn/zenfolio.com/），我都表示最衷心的感谢。

米莉娅姆·里德
2018年11月

西德尼·甘博
在中国拍摄的照片，
1917 — 1919

附
录

（藏于杜克大学戴
维·M.鲁本斯坦善
本书与手稿图书馆）

费佩德在重庆拍摄照片，1917 年（Duke 899A-499）

189

肩挑重担的成都劳工，1917 年（Duke 031B-0325）

成都的一位佛教徒，1917 年（Duke 71A-392）

北京的一位采蜜人（拾粪者？），1917 年（Duke 215-1202）

杂谷脑的高守备夫妇及其儿子，1917年（Duke 56A-301）

戴银项圈、手持铁筛子的杭州船家小孩，1917 年（Duke 53B-566）

守着木签箱的一位上海小男孩，1917—1919 年间（Duke 36B-385）

北京一所幼儿园的小朋友，1917—1919 年间（Duke 259-1478）

本 书 的
日记作者
和摄影者

Sidney D. Gamble

西德尼·戴维·甘博

（1890—1968 年），1912 年获得普林斯顿大学文学学士学位，1916 年获得加州大学伯克利分校的文学硕士学位。1917—1919 年，1924—1927 年，以及1931—1933 年，西德尼分别在中国生活和工作过，并以富有想象的洞察力写出了开拓性的学术著作，从而成了一名独特的社会经济学家。他的一生都跟中国和基督教事业密切相关，他先是参加了"普林斯顿大学驻北京同窗会"和北京基督教青年会，后来又为这两个组织和在美国的其他相关机构工作。他的大部分书信和日记都已经遗失。《1908年的华夏》试图在某种程度上按年份追溯他的早期活动，他成年后出版的众多出版物实际上已经组成了他后半生的编年史。

Clarence James Gambo

克莱伦斯·詹姆斯·甘博

（1892—1966年），1914年获得普林斯顿大学理学学士学位，1916年又获得了普林斯顿大学的理学硕士学位，1920年获得哈佛大学医学院的医学博士学位。他支持把计划生育合法化，并且扶持了玛格丽特·桑格的精神健康诊所。第二次世界大战之后，他在哈佛大学的公共卫生学院首先倡导了印度的家庭计划生育项目。20世纪50年代初，他应邀支持了美国国家公共卫生研究所关于日本计划生育的项目。在这之后的许多年中，他一直出资支持这个项目的研究。1957年，他创办了"开拓国际"这个全球性非营利组织，专门提供家庭计划生育的教育。

这份关于中国的
西方记录请收好！

我们为阅读本书的你，提供了以下 专-属-服-务

 彩色中国与黑白照片的碰撞！
海量超清图文资讯！

 晚清时期：什么是中国？
带你走进中国的近代！

 记录交流，畅谈中国
与志同道合之人谈历史和中国！

微信扫码
添加【智能阅读向导】
还有交流讨论群，随心随意交流！